Mandy Capristo

AN ERSTER STELLE BIN ICH MENSCH!

Mandy Capristo

AN ERSTER STELLE BIN ICH

MENSCH!

Deinen Wert und dein persönliches
Glück definierst nur du selbst

KOMPLETTMEDIA

Klimaneutral
Druckprodukt
ClimatePartner.com/13336-1905-1001

Bildnachweis:
© privat: S. 8
©Anelia Janeva: S. 12, S. 18, S. 63, S. 65, S. 114, S. 147, S. 195, S. 199, S. 205, S. 206/207 (https://aneliajaneva.com)
©Katrin Schöning: S. 24, S. 95, S. 171 (https://www.katrinschoening.com)

Die Inhalte dieses Buches geben zum großen Teil persönliche Erfahrungen und Erlebnisse aus der Erinnerung wieder. Es besteht kein Recht auf Vollständigkeit.
Die Inhalte ersetzen keine Therapie oder einen ärztlichen Rat. Im Fall einer psychischen Erkrankung oder des Verdachts auf eine Depression ist das Gespräch mit einem Arzt/einer Ärztin und/oder einem Psychotherapeuten unverzichtbar. In akuten Fällen oder bei Gedanken an Suizid, solltest du sofort Hilfe in der nächsten psychiatrischen Klinik suchen oder die 112 anrufen.
Umfassende Informationen sind auch bei der Deutschen Depressionshilfe zu finden:
»http://www.deutsche-depressionshilfe.de« www.deutsche-depressionshilfe.de

MIX
Papier aus verantwor-
tungsvollen Quellen
FSC
www.fsc.org   FSC® C126011

Originalausgabe
2. Auflage 2022
Verlag Komplett-Media GmbH
2022, München
www.komplett-media.de
ISBN: 978-3-8312-0608-7
Auch als E-Book erhältlich

Redaktion: Christine Dohler, Hamburg
Lektorat: Redaktionsbüro Diana Napolitano, Augsburg
Korrektorat: Katharina Theml, Wiesbaden
Umschlaggestaltung: FAVORITBUERO, München
Umschlagmotiv: @Anelia Janeva
Layout: Heike Kmiotek, Düsseldorf
Satz: Buch-Werkstatt GmbH, Bad Aibling
Druckvorstufe: Lorenz + Zeller GmbH, Inning a. Ammersee
Druck & Bindung: COULEURS Print & More, Köln
Gedruckt in der EU

Diese persönlichen Zeilen widme ich dir
und all den Menschen, die durch ihren Glauben an mich
mein Leben zum schönsten Ort machen.

Dieses Buch geht an meine Fans,
die IMMER an meiner Seite sind und mir Liebe
schenken, wenn ich sie am meisten brauche.

An meine Familie und meine Freunde,
die für mich da waren und die Melodie meines
Lebens mit mir sangen, als ich sie vergaß.

Ihr seid mein Leben.

Für immer dankbar.

Eure Mandy

Inhalt

Brief an mein jüngeres Ich

Liebe Mandy,

du sitzt auf deinem Bett im Schneidersitz und betest. Das hast du viel gemacht. Du hast schon immer gewusst, dass es etwas Höheres gibt. Und du hast dieses Gefühl »den lieben Gott« genannt. Diese Verbindung hat dich stärker und sicher fühlen lassen. Du bist ein schüchternes Mädchen und vertraust Menschen nur schwer. Du brauchst immer einen Moment, bis du dich öffnest, aber wenn du dich öffnest, dann dein ganzes Herz. Etwas, was dir später in deinem Leben zugutekommt, denn deine Skepsis lässt dich Menschen genauer anschauen.

Du bist sehr sensibel, nimmst dir viel zu Herzen, viel zu viel. Das wirst du nicht immer mögen. Erst wird es dir große Schwierigkeiten bereiten, und du wirst dir wünschen, du wärst anders. Doch irgendwann wirst du dich an einem Punkt finden, an dem du sehr dankbar für diese Sensibilität bist. **So weh es auch tun wird, dank deiner Sensibilität wirst du alles ein wenig intensiver fühlen.** Manchmal den Schmerz, manchmal die Freude.

Du hast viele Träume in deinem kleinen Herzen. Jetzt, in dem Moment, in dem du auf dem Bett sitzt, weißt du noch nicht, dass diese Träume zu deiner Realität werden. Du stehst jeden Abend auf deinem IKEA-Schrank. Mama und Papa bekommen fast immer einen Nervenzusammenbruch, aber du bereitest dich auf deine großen Performances vor, die irgendwann kommen werden – und die nach deinen Worten »nicht immer einfach und sicher« werden.

Jeden Wunsch, den du hast, schreibst du in ein kleines Buch, weil Mama immer gesagt hat: »Schreib es auf!« So klein wie du gerade bist, weißt du noch nicht, wie viel Power deine Gedanken haben werden. Wohin sie dich bringen werden. Du weißt noch nicht, was du alles unbewusst machst, doch irgendwann in deinem Leben wirst du viel darüber lesen und lernen.

Dir wird eine Stimme geschenkt, mit der du Menschen berühren darfst, und auch eine Stimme, die dich leiten wird.

Der liebe Gott hat dir ein unglaubliches Urvertrauen geschenkt, das dich mit viel Reinheit durchs Leben gehen lassen wird. Es wird Menschen geben, die das in dir brechen wollen, genau wie dein Herz. Doch du wirst nicht aufhören, an die Liebe zu glauben. Es wird Momente geben, in denen du deine Werte und deine Lebensphilosophie infrage stellst. Trotzdem wirst du ihnen treu bleiben. Allerdings wird dieses Urvertrauen sehr auf die Probe gestellt werden. Irgendwann wirst du das Gefühl bekommen, dass ein Puzzleteil verloren gegangen ist. Du wirst in einer sehr oberflächlichen Welt erwachsen werden, mit ebenso oberflächlichen Menschen, doch du wirst dennoch Tiefe darin finden und auch Menschen, die nach demselben Sinn im Leben suchen wie du. Du wirst tolle Freundinnen und eine wunderbare Familie haben, auf der ganzen Welt. Sie werden die Zeilen, die du schreibst, mit dir leben und dir die Melodie zu deinem Leben vorsingen, wenn du sie einmal vergisst.

Du wirst sehr viel vom Leben bekommen, vielleicht manchmal mehr, als du denkst, verdient zu haben. Du gehst jeden Abend dankbar schlafen, aber manchmal, wenn du aufwachst, wirst du dir wünschen, dass der Traum ein Traum geblieben wäre. Du wirst Designerkleider tragen, nur um danach zu fühlen, wie gut sich der Mickey-Mouse-Schlafanzug anfühlt. Und in Villen leben, nur um zu erfahren, dass es nicht auf die Größe ankommt, sondern mit wie viel Liebe ein Raum gefüllt ist. Du wirst dein Leben ändern und dir ein Leben bilden, mit all den kleinen Dingen, die für dich von großer Bedeutung sind. Du wirst besondere Menschen kennenlernen, doch wirst du dem Wort »besonders« deine eigene Definition schenken. Auch wenn du gesegnet bist, die schönsten Orte der Welt besuchen zu dürfen, wird es für dich nur einen Ort der Erfüllung geben: der, bei dir zu sein, der Ort in dir. **Du wirst dich im Verlorengehen finden, einen Umweg nach Hause gehen, um wieder bei dir anzukommen.** Vertrau dir, versprich es mir.

Deine Mandy

Ich bin an erster Stelle Mensch!

»Young girl, don't cry. I'll be right here when your world starts to fall. Young girl, it's alright. Your tears will dry, you'll soon be free to fly.« [*]

Ich kann diese Zeilen nicht lesen, ohne sie zu singen. Ich kann diese Zeilen nicht singen, ohne mich dabei auf dem Boden liegend zu sehen. Barfuß, in den Himmel schauend. Ich muss damals zwölf Jahre alt gewesen sein. Diese Zeilen haben meine Tränen weggewischt, sie haben mich an die Hand genommen, und sie haben mir Vertrauen geschenkt. Man könnte jedes Freundebuch lesen, bei zehn von zehn Antworten stand immer unter meinem Lebensmotto: **Trust the Voice within!**

Jeden Tag nach der Schule bin ich in meinen Proberaum, mein Kinderzimmer, und habe mindestens eine Stunde lang gesungen. Ich musste das machen, bevor ich mit den Hausaufgaben startete, dieser Moment am Tag hat mich atmen lassen, frei sein lassen, ich sein lassen. Ich war ein eher schüchternes Kind, schon immer eher ein Mensch, der beobachtet hat.

---

[*]   Songtext: *The Voice within* von Christina Aguilera

Auch schon als kleines Baby. Meine Mutter erzählt mir immer, dass sie mich beruhigte, indem sie mir Kopfhörer aufsetzte. Sie sagte: »Du warst wie hypnotisiert von der Musik. Du wurdest ganz ruhig. Ich wusste schon damals, dieses Kind hat eine besondere Verbindung zur Musik.« So war es immer, und so ist es bis heute. Wieder.

Du hast dich bisher durch meine Musik mit mir verbunden gefühlt. Es gibt Songs, die fühlen sich an, als wären sie für dich geschrieben. Sie halten den Moment an und bieten dir eine Zuflucht. So geht es mir auch, wenn ich Musik höre oder einen Text lese. Manchmal braucht es nur eine Zeile, die deine Emotionen erweckt. Und manchmal braucht es ein ganzes Buch, um dein Leben auf den Kopf zu stellen.

Für viele meiner Freunde war es nur ein Song, der einst von Christina Aguilera geschrieben wurde, doch für mich war die Musik wie eine beste Freundin, die mich verstanden hat und für mich da war, ohne mich zu bewerten. Es war sehr wertvoll für mich, dass ein Song so viel mit mir machen konnte. Ich saß jeden Tag im Schneidersitz auf meinem Bett und habe gebetet. Das Beten hat mir Vertrauen geschenkt.

Ich möchte ehrlich zu dir sein: Es war keine einfache Zeit für mich. Während ich oben in meinem Zimmer saß, hörte ich meine Eltern fast täglich unten streiten. Um das nicht zu hören, setzte ich meine Kopfhörer auf und versetzte mich durch die Musik in eine andere Welt. Immer wenn mir die Tränen kamen, habe ich auf Repeat »*Young girl don't cry, I'll be right here when your world starts to fall*« gesummt. Während mir die Tränen über die Wangen liefen, sang ich den Song bis zum Ende durch. Es war so, als hätte die Musik mich in dem Moment geheilt, als hätte sie alles um mich herum einfach ausgeblendet.

Ich habe eine wundervolle und einzigartige Familie. Ich könnte mir keine liebevolleren Eltern wünschen. Sie haben mit dazu beigetragen, warum ich die Frau bin, die ich heute bin. Ich wuchs mit sehr viel Liebe und Geborgenheit auf, doch wie in jeder Familie verläuft es nicht so wie im Bilderbuch. Meine Eltern sind unglaublich tolle Menschen, die beide auf ihre Weise alles getan haben, um meinen Bruder und mich mit den richtigen Werten zu erziehen. Jeder auf seine Art und Weise. Doch auch wenn sie so viel Liebe zu geben haben, sollte ihre gemeinsame Liebe einfach nicht sein. Wir sind alle einst Kinder gewesen, die nicht wussten, was es heißt, eine Ehe zu führen, eine Partnerschaft aufrechtzuerhalten und dass so viel mehr dazu gehört, als es uns in den Filmen oft präsentiert wird. In der Realität braucht es mehr Komponenten als nur »Liebe«. Doch die Romantik haben wir schon in Disney-Filmen mit auf den Weg bekommen. Mann und Frau lieben sich, bekommen Kinder, und das Leben ist perfekt.

Das sind Ideale, die uns geprägt haben, jeden Einzelnen von uns. Bis heute. Inzwischen sind einige von uns Erwachsene und wissen, dass das ein sehr limitiertes Bild von Liebe ist und es so viele weitere Formen der Liebe, des Lebens und der Menschen gibt. **Es gibt kein Richtig oder Falsch, es gibt nur das Richtige für dich.** Aber als junges Mädchen weißt du das noch nicht. Du möchtest haben, was deine Freunde haben, und einige von meinen hatten nach außen die perfekte Familie. Heute weiß ich, dass es keine perfektere Familie für mich gibt als meine. Und ich weiß auch, dass nicht alles, was von außen perfekt scheint, es wirklich ist.

Ich habe mich oft in meinem Leben gefragt, warum ich einen so großen Wert auf Perfektionismus bei mir lege, denn niemand in meiner Familie hat das je von mir abverlangt, mich unter Druck gesetzt oder mich gepusht, etwas zu sein, was ich nicht war. Und ich mag es bei anderen Menschen auch gar nicht. Es gibt nichts, was ich weniger mag, als wenn Dinge zu glatt sind, zu perfekt, nicht echt – und man den Menschen, seine Gefühle, seine Narben und seine wahre Geschichte nicht spüren kann. Nach vielen Jahren Reflexion habe ich das Gefühl, dass ich schon als junges Mädchen versucht habe, so perfekt wie möglich zu sein, um andere Dinge, die es nicht waren, zu kompensieren.

Das sind die ersten Zeilen meines Buches, und ich spüre, wie viele Bilder beim Schreiben hochkommen, an die ich mich gar nicht mehr erinnern konnte. Ich möchte gern so viele ich kann mit dir teilen und dich in mein Leben lassen. Denn du magst zwar meinen Namen kennen, aber nicht meine Geschichte.

Ich habe nie daran gedacht, je ein Buch zu schreiben, da ich sehr viele Autoren unglaublich wertschätze und großen Respekt vor ihnen habe. Und jetzt ich? Ein Buch? Wer bin ich, dass ich ein Buch schreibe? Bei all den Geschichten, die auf der Welt passieren? Was habe ich geleistet, dass ich darüber schreiben darf? Nimmst du dich ein wenig zu wichtig, Mandy? All diese Sätze sind mir durch den Kopf gegangen, als ich innerhalb von 48 Stunden nach Gründung meiner Company FELICE (ein multimediales Portal rund um das Thema »Mentale Gesundheit«) fünf Buchdeals auf dem Tisch liegen hatte. Ich dachte im ersten Moment jetzt eher nicht: »Das mache ich!« Ich dachte vielmehr: »Ich fühle mich wirklich sehr geehrt über all diese Anfragen, ein Buch über mein Leben zu schreiben. Aber darüber muss ich doch erst mal gründlich nachdenken.«

Ich habe wirklich eine Weile gebraucht, um diese Entscheidung für mich zu treffen. Kann ich das? Möchte ich das? Kann ich das vor allem aktuell? Jetzt ein Buch über mich und mentale Gesundheit schreiben? Wo soll ich da anfangen? Wie ehrlich kann ich sein? Ich habe doch selbst noch tausend Fragen ans Leben.

Für mich fühlt sich ein Buch zu schreiben an, wie ein Album zu produzieren. Man braucht dafür den richtigen Zeitpunkt im Leben. Man muss selbst in der richtigen Verfassung sein, und vor allem muss man bei jedem Album wissen, was man damit erreichen möchte. Hinter allem, was ich in meinem Leben mache, muss es einen tieferen Sinn geben. Und der größte Sinn war für mich immer, Menschen zu berühren. Etwas zu hinterlassen. Oder at least, mein Bestes zu geben mit der Intention, etwas zu hinterlassen. Ich möchte mit dir Zeilen teilen, die ich selbst als junges Mädchen gern gelesen hätte und die mir auch als junge Frau gutgetan hätten. Zeilen, die mir jetzt gerade guttun, während ich sie schreibe. Einen kleinen großen Unterschied gibt es zwischen dem Buch und dem Album jedoch schon. Hinter einigen Songs kann man sich verstecken. Selbst wenn man herzzerreißende Zeilen niederschreibt, legt man sie unter einen Dance Beat, hat man nicht das Gefühl, sich so nackt zu machen, als wenn man die Zeilen ganz pur in eine Ballade legt. Da hört man jede Emotion, jeden Atemzug. Man kann nichts wegtanzen. Ein Buch zu schreiben, fühlt sich an, wie die intimste Nummer zu schreiben, die ich je geschrieben habe. Es fühlt sich an, als wären gerade nur das Mikrofon und ich in einem Raum.

Als ich anfing zu singen, hat mir so gut wie keiner zugehört, außer natürlich meine drei wichtigsten Menschen: Mama, Papa und mein großer Bruder Anthony. Das Singen habe ich einfach nur für mich gemacht. Ich hatte keine Angst, etwas Falsches zu sagen, etwas Falsches zu tun, etwas oder jemandem, nicht gerecht zu werden. Ich habe es so gemacht, wie es sich richtig angefühlt hat. Das war mir das Wichtigste. Die Liebe zur Musik war der Grund, warum ich auch niemals damit aufgehört habe. Und natürlich die Menschen, die ich damit erreichen kann.

Doch glaube mir, jetzt sitze ich plötzlich da und sehe bloß ein weißes Blatt. Mir ist wichtig, dir nicht nur von meiner Reise zu erzählen, son-

dern dich in jeden Moment mitzunehmen. Auch in jedes Gefühl. Nur wo starte ich? Vielleicht wäre es am besten, dich in das »Jetzt« zu nehmen. Vielleicht beginne ich damit, dass ich gerade in der Sekunde eine Therapie anfange? Genau in diesem Moment. Nein, das kann ich doch so direkt nicht machen! Was werden die Leute denken? Das ist zu nah, das ist auf jeden Fall zu nah, Mandy. Ich weiß, dass in diesem Moment meine Freundinnen laut lachen. Denn wahrscheinlich ist oder war das mein am meisten gesagter Satz: »Das ist mir jetzt zu nah« – daraus wurde irgendwann ein Meme, und meine Freundinnen übernahmen es in jeglichen Situationen. Das ist nur eine Frage von den 12.489.907.889 Fragen, die ich mir gerade stelle. Viel wichtiger für mich ist allerdings: Was möchte ich mit diesem Buch erreichen? Was ist der Sinn dahinter?

Mit der Zusage zu diesem wahrscheinlich ehrlichsten und wertvollsten Projekt in meinem Leben, kommt für mich die Frage auf, was das für ein Buch sein soll. Es gibt nur eine Antwort darauf: ein sehr, sehr ehrliches – das uns Menschen verbindet! Ein Buch, in dem es kein »zu nah« gibt. Denn wenn ich an den Ursprung zurückgehe, wird mir schnell klar, dass für mich immer im Fokus stand, Menschen nahe sein zu wollen. Heute als junge Frau gibt es für mich nichts Wichtigeres, als meine Stimme, mein Sprachrohr und meinen Namen richtig zu nutzen. Denn dass ich dieses Leben leben darf, habe ich vielen Menschen da draußen zu verdanken. Das vergesse ich an keinem Tag, an dem ich aufwache. Nach 15 Jahren Musikbranche weiß ich, dass nicht nur harte Disziplin dazugehört, sondern auch Resilienz, diesen Beruf auszuüben, und dass es noch härter ist, »bei sich zu bleiben«.

Als sich mein Leben damals über Nacht verändert hat, waren Tausende Menschen da draußen, die sich mit mir verbunden gefühlt haben. Meine Dankbarkeit diesen Menschen gegenüber sitzt tief in mir. Ich habe vor einigen Jahren eine Entscheidung für mich getroffen, die nicht über Nacht gefallen ist und die auch keine einfache war. Diese Entscheidung hat meine mentale Gesundheit für mich getroffen. Auch wenn es die wahrscheinlich schlimmsten Momente meines Lebens waren, weiß ich heute, dass hinter diesen Momenten etwas viel Tieferes liegt.

Ich wusste von Anfang an, dass ich keine reine Biografie schreiben möchte. Auch wenn ich unglaublich gern Biografien lese, weiß ich, dass das für mich definitiv nicht der richtige Zeitpunkt in meinem Leben ist. Es gibt zwar schon sehr viele, sehr gute, sehr bedeutungsvolle und hilfreiche Bücher zum Thema Mentale Gesundheit, die auch mir unglaublich geholfen haben, trotzdem bin ich der Meinung, dass es keine Geschichte da draußen gibt, die weniger wichtig ist, um Aufmerksamkeit auf dieses für mich so essenzielle Thema zu lenken. Ein oft unausgesprochenes Thema – das jeden Menschen betrifft! Jede Stimme, jede Geschichte zählt, um dieses leider noch immer vorhandene Stigma zu brechen. Denn über mentale Gesundheit zu sprechen, zu schreiben, zu lehren und zu lesen, verbessert die Gesundheit von jedem Einzelnen. Fast eine Milliarde Menschen leben momentan laut WHO mit einer psychischen Krankheit. Allein im ersten Pandemiejahr ist die Zahl der Erkrankten um 25 Prozent angestiegen. Depressionen sind eine Volkskrankheit und lassen sich leider oftmals nicht so gut messen oder nachweisen wie ein gebrochenes Bein mit einer Röntgenaufnahme.

Wenn wir über alles in der Welt sprechen, warum sprechen wir dann nicht darüber, was die Welt wirklich zu einem »besseren« Ort macht? Denn immer zu funktionieren gelingt nur bis zu einem gewissen Grad. Wollen wir eine Welt, in der wir Menschen zu Robotern ohne Emotionen, ohne Individualität und ohne Herz werden, bei denen irgendwann der Akku ausgeht?

Wenn ich durch mein Buch nur einen Menschen ruhiger schlafen lasse und er sich aufgrund meiner Lebensgeschichte ein bisschen weniger einsam fühlt, gibt es nichts, was mich mehr erfüllt. Ich denke, es gibt nichts Akuteres, als dass wir gemeinsam Normalität auf dieses zutiefst menschliche Thema lenken. Denn wenn wir etwas brauchen in dieser Welt, ist es mehr Menschlichkeit!

Vielleicht fühlt sich durch die ein oder andere Zeile dein Schmerz weniger intensiv an, weil du lernst, dass er vergehen wird. Vielleicht wird die ein oder andere Träne weniger fließen, weil du selbst lernen wirst, wie viel Hoffnung auf deinem Weg für dich bereitsteht. Vielleicht sind es auch nur ein paar Wörter, die im richtigen Moment kommen und dir wie eine Freundin zu Seite stehen und dich nicht loslassen. Vielleicht aber auch, und das wünsche ich mir für dich von Herzen, ist es ein Gefühl, das dich verändern wird. Dein Gefühl. Zu dir selbst. Zu deinem Leben. Zu deinen Werten. Zu deiner Gesundheit. Und zu deiner Erfüllung, deinem Glück.

Die Werte, die ich mir in den vergangenen Jahren zurückerobert habe, sind die Werte meiner Company FELICE: Felice (Glück), Empathy (Empathie für dich selbst und andere), Love for yourself (Selbstliebe), Intuition & Identity, Care (Selbstfürsorge) und Evolving (Wachstum/Entwicklung). Danach sind die folgenden Kapitel meines Buches gegliedert. Diese sechs großen Themen verknüpfe ich mit Wendepunkten und Schlüsselszenen meiner Biografie und ziehe Learnings daraus, die auch dir in deiner Welt weiterhelfen können. Du wirst sehen, viele Gefühle, Gedanken und Situationen werden dir bekannt vorkommen.

Denn meine Geschichte zählt.
Deine Geschichte zählt.
Du zählst.

Und ja, ich denke, ich sollte genau damit beginnen zu erzählen, dass ich gerade eine Therapie mache. Vielleicht sollte ich direkt erzählen, wie ich mit dem ein oder anderen Thema in meinem Leben überfordert bin und dass ich mich auch daran gewöhnen muss, so offen darüber zu sprechen. Denn leider bin ich durch mein Aufwachsen in der Musikbranche geprägt, viele Dinge mit mir allein auszumachen und nicht immer alles laut auszusprechen. Meine Gefühle für mich zu behalten. Doch ich denke, ich sollte all die Dinge ansprechen, bei denen ich mir selbst gewünscht habe, dass man sie anspricht, und bei denen ich es mir noch immer wünsche.

Ich bin keine Autorin und habe neben meinen Songs noch nie ein Buch geschrieben. Ich bin keine Therapeutin, die dir medizinisches Fachwissen geben kann. Und leider kann ich heute noch nicht mit der Weisheit des indischen Yogis Sadhguru oder der US-amerikanischen Talkikone Oprah Winfrey glänzen. Aber das Schicksal hat mir sehr viele lehrreiche Momente geschenkt, die mich zu der Frau gemacht haben, die heute denkt, wie sie denkt. Mit 16 Jahren von zu Hause wegzugehen und über Nacht erwachsen sein zu müssen, hat mich nicht nur an meine Grenzen gebracht, sie wurden auch auf ein anderes Level gehoben. Das Leben hat mir beigebracht, dass man sich selbst erziehen muss und sich seiner Person und des eigenen Werts klar sein muss. In dieser verrückten Welt habe ich gelernt, dass du alles sein und werden kannst, wenn du den Fokus bei dir behältst.

Am allerwichtigsten ist es, dass es nicht entscheidend ist, wie viele Platten du verkaufst, wie viele Autos du besitzt, wie du lebst, wo du lebst und in welchen Schuhen du auftrittst, wie dein Köper aussieht und wie du auf dem Cover rüberkommst. Es geht darum, *warum* du diese Platte aufnimmst oder an welchem Ort du mit deinem Auto ankommen möchtest. Schenkt dir dein Haus ein wirkliches Zuhause? Wie steinig war der Weg, den du gelaufen bist, und was lehrt er dich? Es geht nicht um die paar Kilos mehr, sondern dass du dich in deinem Körper wohlfühlst – denn bei all den gesellschaftlichen Ansprüchen wurde neben den Fragen »Wer bist du? Was hast du?« vergessen zu fragen: »Wie fühlst du?«

Was ich dir versprechen kann: Wenn du deinen Mut und deine Hoffnung nicht verlierst und es selbst auf der dunkelsten Reise nicht zulässt, dass jemand dein Licht ausknipst, wirst du irgendwann an einem Ort ankommen, den du dir nicht schöner und bedeutungsvoller hättest erträumen können.

Die Reise ist leider manchmal sehr anstrengend und unbequem – und sie tut weh. Es entstehen Narben, die man nicht mit Make-up abdecken kann. Aber inzwischen weiß ich: Es geht nicht darum, was dir passiert ist, sondern was du daraus machst. Es gibt Momente im Leben, die wir nicht verstehen, und manchmal sitzen wir da und fragen uns, wo der Sinn bei dem Satz »Everything happens for a reason« ist – aber vielleicht ist ja was dran, was Oprah Winfrey einmal hinzufügte: »Everything happens for a reason, and if you don't know the reason yet, you are not wise enough.«

FELICE

*Glück ist ein
inneres Gefühl*

Ein bedeutungsvoller Moment

Wenn ich im Supermarkt an der Kasse stehe, erlebe ich oft meinen »Salami-Moment«. Sicher fragst du dich, was das wohl ist und warum ich damit das erste Kapitel beginne und was das mit meinem Leben zu tun hat.

Immer wenn ich gerade an der Theke stehe und meine Liste ganz *oldschool* abarbeite, kommt gefühlt jedes Mal ein Kopf ganz langsam von links oder rechts immer näher an mich und sagt leise: »Mandy? Wir haben damals für dich angerufen! Die ganze Familie! Was ham wir uns gefreut! Die Rechnung danach hättste mal sehen sollen. Aber schä! Und jetzt steht se da an der Theke im Supermarkt, die Mandy. Ganz normal!« So ist es, ganz normal. Wenn ich in meiner Heimat bin, geht oftmals der Dialog sogar noch weiter: »Was sin mia stolz auf dich! Die ganze Stadt – hasch alles richtisch gemacht, Mädche! Du bleibsch unser Mandy aus Bürstadt!«

Und so fühle ich mich innerhalb von Sekunden mit einem fremden Menschen verbunden, oftmals ohne dass sie es wissen oder nur eine Ahnung haben, was dieser Moment für mich bedeutet. Denn an jenem Abend haben genau diese Menschen, vielleicht auch du, mein Leben komplett verändert. Am 17. November 2006 durfte das Publikum die letzte Kandidatin der Show *Popstars* in die Band wählen, und dank all der Anrufe aus meiner Heimat Deutschland, aus Österreich und der Schweiz bin ich es geworden. Diese Anrufe haben einem 16-jährigen Mädchen den Traum ihres Lebens erfüllt.

Seit ich denken kann, wollte ich nie etwas anderes sein als Sängerin. In dem Moment, als im Finale mein Name »Mandy« gerufen wurde, fiel ich auf die Knie und hatte nur einen Gedanken: »Danke, lieber Gott, danke an jeden einzelnen Menschen, danke – ich werde euch nicht enttäuschen.« Ich weiß es noch, als wäre es gestern gewesen. Wie oft habe ich diesen Moment in meinem Kinderzimmer geträumt, vielleicht auch manifestiert, und plötzlich habe ich meinen Eltern in die Augen gesehen, und beide haben mit Tränen gesagt: »Du hast es geschafft!«

Ich wusste an diesem Abend, dass ich nicht einfach nur eine Show gewonnen hatte oder über Nacht aus purem Glück zur Sängerin wurde. Denn seit meiner Kindheit hatte ich mich auf diesen Moment vorbereitet. Ich wusste, dass das ein Geschenk war und ich damit vorsichtig umgehen sollte.

Kurz vor der Entscheidung im Finale kam der Boss der Sendung zu mir hinter die Bühne gerannt, nahm meine Hände und sagte: »Du musst in die Band kommen, Mandy! Du bist aktuell Publikumsliebling, mach den Moment zu deinem. Lache, tue alles, was du kannst. Die Band braucht dich. Du musst das Voting gewinnen.«

Plötzlich fingen meine Beine an zu zittern. Als wäre ich nicht schon nervös genug gewesen. Wenn du als junges Mädchen so einen Satz zu hören bekommst, kannst du dir vorstellen, wie stark das auf meinen Schultern lastete. Es war ein enorm großer Druck. Ich war noch nicht einmal in der Band, und schon bekam ich zu spüren, dass ich nicht nur Verantwortung für mein Leben trage, sondern auch für die Menschen um mich herum. Alles, was ich in diesem Moment dachte, war: »Ich möchte einfach nur singen und die beste Leistung bringen.« Plötzlich war ich auf so viele Dinge konzentriert, und vor allem hatte ich einen Satz in mir, der mich auch noch Jahre danach geprägt hat: »Ich will niemanden enttäuschen.« Nicht den Boss der Sendung, kein Label, nicht meine Familie – und nicht mich selbst.

Wenn ich also im Supermarkt stehe und eine Person mir diesen Moment erzählt, freue ich mich immer sehr und bin einfach nur dankbar.

Ich habe immer das Gefühl, etwas zurückgeben zu wollen. Etwas, das in irgendeiner Weise hilft, das Leben eines Menschen ein klein wenig besser zu machen. Inzwischen bin ich zwar eine junge Frau, aber im Grunde immer noch dasselbe Mädchen, noch immer die Mandy aus Bürstadt. Und das war und wird immer eine meiner Prioritäten sein. Diesen Deal habe ich in der Nacht meines Sieges mit mir selbst geschlossen: »Mach das Beste draus Mandy, das ist ein Geschenk! Du wirst dich ändern müssen, um in dieser Welt zu überleben, doch versprich dir, dich nicht zu sehr zu verändern. Vergiss nicht, wer du bist. Vergiss nicht deine Werte und vor allem, welche Familie dich erzogen hat. Egal, wohin du je kommen wirst, vergiss nie die Menschen, die dir geholfen haben.«

Deswegen kann ich mir oftmals den Satz im Supermarkt nicht verkneifen: »Hey, die Salami geht heute auf mich, okay?« Diese Momente erinnern mich immer wieder daran, wie viel Dankbarkeit ich bis heute spüre, dass ich meinen Traumberuf leben kann, egal wie hart es manchmal sein mag. Und dass ich immer das Bedürfnis verspüre, etwas zurückgeben zu wollen. Etwas Wertvolleres als eine Packung Salami oder Käse. Ich hoffe, der Dank findet sich zwischen den Zeilen dieses Buches.

Meine Stimme – mein inneres Glück

Singen war immer schon meine Leidenschaft und etwas so Natürliches für mich wie die Luft zum Atmen. Egal, wie diszipliniert ich als Kind war, ich habe es nie mit Druck verbunden. Mich sah man nie in der ersten Reihe, ich sang am liebsten für mich allein. Als junges Mädchen musste ich mich sogar immer umdrehen, als meine Freunde oder die Freunde meines Bruders mich baten, für sie zu singen. Ich wollte keinem in die Augen schauen, da mir alles auffiel. Und das ist heute noch so. Wenn ich eine Performance gebe, kann ich dir genau sagen, wer wann was anhatte und wer mit wem gesprochen oder wie wer geschaut hat.

Damals war das Singen das, was die meisten Glücksgefühle in mir auslöste, mich ganz bei mir selbst sein ließ. Heute schaue ich mit liebevollen Augen auf die Kleine, die schon morgens nach dem Aufwachen als Erstes sang, und bin stolz, dass sie intuitiv das Richtige für sich tat, sich selbst Halt gab, sich selbst einen Raum voller Harmonie erschuf, als um sie herum Disharmonie herrschte. Meine Stimme und ich waren ein Team.

Früher wusste ich nicht, was Glück wirklich bedeutet. Ich dachte, das sei das Gefühl, das entsteht, wenn man etwa im Lotto gewinnt oder wenn man verliebt ist. Glück, so wird es uns in Filmen oder Zeitschriften suggeriert, ist damit verbunden, dass im Außen etwas passiert. Dass da etwas kommen muss, was einen erfüllt. Erst dann ist man vollständig. Damals war mir nicht klar, dass das ein Irrweg ist. Dass wahres Glück ein ganz anderes Gefühl ist und woanders entsteht. Glück bedeutet nicht dieses eine Gefühl von absoluter Happiness, das durch Ereignisse im Außen entsteht, sondern ist vielmehr ein pures Gefühl von konstanter und authentischer Zufriedenheit.

Auf meiner Suche nach dem Glück haben mir folgende Fragen sehr geholfen:

➡ Was bedeutet Glück für dich?
➡ In welchen Momenten fühlst du dich ganz bei dir selbst, fühlst dich sicher, im Vertrauen und erfüllt?

➼ Welche Geschichte erzählst du dir selbst über das Glück, über dich und das Leben?

➼ Welche Glaubenssätze (z. B. »Ich habe nie Glück«) hast du über dich und dein Glück? Und wenn sie negativ sind, wie könntest du diese ab heute positiver formulieren?

Wie mein Weg begann

Als ich elf Jahre war, winkte mich mein Musiklehrer nach einer Chorprobe zu sich und sagte: »Deine Stimme ist außergewöhnlich, ich würde dich gern bei einem Gesangswettbewerb anmelden.« Eigentlich war ich viel zu schüchtern, doch genau dieser Gesangswettbewerb war schon seit vier Jahren mein größter Traum. Und so landete ich auf der Bühne des *Kiddy Contest*, dem damals größten Gesangswettbewerb für Kinder in Europa, der in Österreich, in der Schweiz und in Deutschland ausgestrahlt wurde. Heute zu vergleichen mit *The Voice Kids*. Wahrscheinlich auch ein Grund, warum ich die Sendung *The Voice Kids* so sehr liebe und mir wünsche, dort einmal in der Jury zu sein. Denn wenn ich eins weiß, dann ist es, welche Emotionen dir durch den Körper gehen, wenn du noch ein Little You bist.

Es war der erste große Gesangswettbewerb meines Lebens – und ich habe ihn gewonnen. Es ist verrückt, ich war eigentlich immer sehr schüchtern, doch wenn ich auf der Bühne vor dem Mikrofon stand, hatte ich eine Art Zen-Moment. So, als würde ich meditieren, ohne es zu wissen. Plötzlich ging alles ganz schnell. Ich habe meine Wochenenden damit verbracht, in allen Kindershows zu performen. Von *1, 2 oder 3* bis hin zu *Tabaluga TV*. Was ich damals nicht wusste: dass ich irgendwann einmal die große Liebe von *Tabaluga* auf Tour mit Peter Maffay sein würde. **Es gibt immer irgendwo im Leben einen roten**

Faden, der sich durch das Leben zieht, wenn man ihm vertraut.

Innerhalb kürzester Zeit hatte ich meinen ersten Plattendeal auf dem Tisch liegen, da war ich gerade mal zwölf Jahre alt. Es war der Beginn meiner Karriere, auch wenn der Deal damals nicht zustande kam.

Ich bin für viele Dinge in meinem Leben dankbar, doch am meisten für meine Familie. Sie haben mich immer machen lassen und haben mir vertraut. Vor allem Mama. Papa war in allem ein wenig »italienischer«. Er wollte immer doppelt und dreifach auf seine kleine »Principessa« aufpassen, das macht er noch heute. Selbst wenn ich nur drei Minuten mit dem Auto nach Hause fahre, die »Bist du gut angekommen?«-Nachricht wird nie fehlen. Meine Eltern haben das Gefühl in mir eingepflanzt, dass ich nicht allein im Leben bin. Sie haben mir das große Geschenk gemacht, einfach für mich da zu sein. Dabei haben sie mir immer vertraut, und das wiederum hat mir Selbstvertrauen geschenkt. Sie haben meinen Bruder und mich frei sein lassen. Mein Wunsch, Sängerin zu werden, wurde einfach unterstützt; ich wurde ernst genommen, mit dem, was ich vorhabe. So haben sie mich immer zu allen Gesangswettbewerben gefahren. Anstatt zu pushy zu sein, haben sie mich eher daran erinnert, dass ich nicht so viel üben sollte, wenn ich wieder einmal dachte, ich wäre das vierte Mitglied von Destiny's Child mit der Kondition von Janet Jackson.

Teilweise habe ich in meinem Kinderzimmer so viel trainiert, dass ich mir sogar meinen Fuß angebrochen habe, weil ich nicht aufgewärmt war und alle Touren aller Künstler mitgetanzt habe. Es war auch noch der 1. April. Ich erinnere mich zu gut, als ich mit dem Gips in meine Klasse kam und meinte, ich hätte mir meinen Fuß angebrochen. Meine Kameraden schauten mich an und fragten: »Wann, wie?« Ich sagte nur: »Beim

Destiny's Child-Konzert in meinem Zimmer.« – «Was? Destiny's Child waren in deinem Zimmer?« Ich: »Ja, sind sie jeden Tag, also die DVD. Bei *Bootylicious* bin ich einfach nicht nachgekommen und umgeknickt.« Meine Freunde lachten und meinten nur: »Oh, Mandy!«

Nach meinem kleinen Erfolg beim *Kiddy Contest* entwickelte sich das Singen immer mehr vom Hobby zu einer ausgeprägten Leidenschaft. Ich habe es immer mit Glück verbunden. Singen war heilig für mich. Es hat mich geerdet. Aber nicht nur das. Auch die Erziehung meiner Eltern hat viel dazu beigetragen, dass ich die Bodenhaftung nie verloren habe. Ich war kein verwöhntes Kind und habe mir Dinge stets erarbeitet. So führten wir zu Hause eine Art Punkteliste, mit der ich durch verschiedene Tätigkeiten Dinge erreichen konnte. Wenn ich meiner Mama geholfen habe, gab es zum Beispiel fünf Punkte. Wenn ich dann 70 Punkte erlangt habe, konnte ich mir dafür etwas aussuchen. Das war ziemlich cool. Ein klarer Weg zu wissen, dass wenn man etwas haben will, man dafür auch etwas tun muss. Dafür bin ich meinen Eltern sehr dankbar, und das ist einer der Punkte, der mir bei meinen zukünftigen Kindern sehr wichtig sein wird. Etwas, das ich später auf meinem Weg noch mehr zu spüren bekam: Dinge geschenkt zu bekommen bringt einen Moment der Freude. Sich Dinge zu erarbeiten bringt Erfüllung und Stolz. Das war eine wundervolle Erziehungsmaßnahme.

Ich erinnere mich an viele Gespräche mit meiner Mutter, in denen ich ihr von meinem Weg erzählte, was ich alles machen möchte in meinem Leben, und ich erinnere mich, wie sie immer sagte: »Wie willst du das machen, hast du einen Plan?« Als ich antwortete »Ich weiß es nicht«, entgegnete sie immer: »Finde es heraus.« Aber selbst wenn ich sagen würde: »Ich kann es nicht«, würde von Mama und Papa der Satz kommen: »Du kannst alles!«

Natürlich konnte ich das aber nicht. Mein italienisch-kalabresischer Vater war um einiges strenger als meine Mutter, und das hat er mir in sehr vielen Momenten zu spüren gegeben. Bei ihm zählten und zählen andere Regeln. So sagte er immer, wenn er wollte, dass ich klar bei mir bleibe: »Du bist eine Capristo, du machst so etwas nicht.« Als ich noch klein war, haben wir darüber immer gelacht. In diesem Satz war so viel Humor – doch er hat mich im Laufe meines Lebens auch vor vielen Dingen beschützt. Man mag es als arrogant ansehen, doch genau das Gegenteil ist gemeint. Nämlich: »Bleib bei dir« – »Vergiss deinen Wert nicht!« Als junges Mädchen hat es mir sehr geholfen, und noch heute sitze ich manchmal da und schmunzle, wenn mir dieser Satz in den Kopf kommt, ich zu mir selbst sage: »Mandy, du bist eine Capristo« und Papas Gesicht vor mir sehe. Ja, dieser eigentlich lustige Satz war schon oft wegweisend für mich.

Als sich mein Leben über Nacht veränderte, habe ich zu spüren bekommen, wie schnell sich Menschen verändern, wie schnell sie vergessen, was sie dir gestern noch versprochen haben. Zu Hause war Lügen ein No-Go, doch plötzlich war ich in einer Welt, die auch aus Lügen bestand. Ich musste mich darin erst einmal zurechtfinden. Ich war wie klein Nemo, der in diesem Haifischbecken schwamm. Relativ schnell merkte ich, dass man *keinem* auch nur ein Wort glauben kann. Als ich ein junges Mädchen war, habe ich meinen Vater verflucht, wenn ich wieder einmal nicht alles durfte, was meine deutschen Freundinnen durften.

Was du mir jetzt sicher nicht glauben wirst: Mein Vater dachte doch wirklich irgendwann, der Sänger Usher sei mein Boyfriend. Ich hatte ihn als meinen PC-Hintergrund. Ich hörte einmal, wie er zu meiner Mutter sagte: »Ihr steckt doch alle unter einer Decke. Ich habe gesehen, welchen Hintergrund Mandy an ihrem PC hat.« Meine Mutter war ganz irritiert und sagte: »Ich weiß nicht, was du meinst.« Mein Vater: »Der Typ da, ihr könnt mich nicht für blöd verkaufen.« Meine Mutter lachte und sagte: »Vittorio, come on, das ist Usher, der R'n'B-Sänger, der ist sicherlich nicht der Boyfriend deiner Tochter.« Ich stand nur oben in meinem Zimmer und lachte vor mich hin.

Eigentlich hat mich mein Leben *davor* auf mein Leben *danach* vorbereitet. Als meine Freundinnen ausgingen, machte ich ihnen die Haare und schminkte sie – und du wirst es nicht glauben: Ich bin dann wieder nach Hause gelaufen. Irgendetwas flüsterte mir zu: Don't worry, deine Zeit kommt noch. Ich sage immer im Spaß, dass Monrose meine Rettung war, sonst wäre ich wahrscheinlich mit 21 Jahren schon nach Italien verheiratet worden. Auch wenn Papa heute komplett abstreitet, dass er so streng war. Aber die Werte meiner Erziehung waren es eben auch, die mich so gesund durch die Musikbranche brachten. Etwas, was ich mich vor dem Schlafengehen immer fragte, war: »Wie kann ich dazugehören, ohne meine Werte zu verlieren?« Danke, Papa!

Die Bühne – mein sicherer Ort

Die nächsten vier Jahre blieb mein IKEA-Schrank meine Bühne. Mein Taschengeld polierte ich mir mit kleinen Auftritten auf Hochzeiten, Autohauseröffnungen, Kindergärten oder Taufen auf. Einmal wurde ich mit einem Feuerwehrkran bei einer Performance nach oben geliftet und kam mir dabei vor wie Aaliyah bei den Billboard Awards. In dem Moment wusste ich: That's it! So möchte ich performen. Genug IKEA-Schrank-Performance, das nächste Level, der Feuerwehrkran. Ich habe da oben performt wie ein Star, aber in der Realität war ich auf der Lampertheimer Feuerwehreröffnung. Aber das war mir egal. In diesem

Moment war ich Aaliyah bei den Billboard Awards. Die Bühne war mein sicherer Ort, egal wie, egal wo, egal wie hoch. Das war immer der Ort, wo ich mich am meisten gespürt habe. Bis zu einem gewissen Moment in meinem Leben.

Nachdem ich meinen ersten Plattendeal mit zwölf Jahren ablehnte, konnte ich es kaum abwarten, endlich 16 Jahre alt zu werden. Denn das war der Moment, ab dem man endlich bei den erwachsenen Gesangswettbewerben mitmachen durfte. Vielleicht kann man es einen glücklichen Zufall nennen, als ich gerade 16 war und eine neue *Popstars*-Staffel mit dem Slogan »Neue Engel braucht das Land« angekündigt wurde. Ich sah es in der Werbung und auch, wenn ich die ein oder andere Staffel davor gesehen hatte, war ich mir nicht sicher, ob eine TV-Show der richtige Weg ist. Als ich am nächsten Tag in die Schule kam, hat mich meine Klasse darauf aufmerksam gemacht und gesagt: »Mandy, mach mit!« Aber ich meinte nur: »Nein, ich denke, das ist nichts für mich.« Diesmal war es nicht der Chorleiter, der mich angemeldet hat, sondern die Jungs in meiner Klasse. Was soll man da machen? Also fuhr ich hin …

Was ich noch nie vorher erzählt habe: Bevor ich zum Casting nach Stuttgart fuhr, war ich bereits beim Casting in Frankfurt am Main. Mit dabei waren nur meine beste Freundin und meine Mama. Alles dort war sehr laut, sehr bunt und dazwischen ich, klein Mandy. Gemeinsam mit anderen Mädchen trat ich nervös vor die Jury und startete mit meinem gut vorbereiteten Song *If I ain't got you* von Alicia Keys. Die Mädels neben mir sangen eher unterhaltsame Pop-Nummern. Nach meiner kleinen Performance ging alles recht schnell. Allen Mädchen wurden Bänder in unterschiedlichen Farben ausgeteilt. Anschließend sagte ein Herr kurz und schmerzlos: »Alle mit roten Bändern sind in der nächsten Runde, alle mit orangefarbenen Bändern müssen noch mal singen, und die mit grünen Bändern haben es leider nicht geschafft.« Ich schaute auf mein Handgelenk. Mein Band war grün.

Ich lief raus, versuchte, meine Tränen zu unterdrücken, packte meine Tasche und dachte mir: »Ich bin wohl nicht der Engel, der gesucht wird.« In der Sekunde umarmten mich ein paar Mädchen liebevoll von hinten. Das werde ich nie vergessen. Sie ermutigten mich, in eine andere Stadt zu fahren und es noch einmal zu versuchen.

Für mich jedoch war es vorbei. Ich war unglaublich traurig und konnte nicht verstehen, warum ich so schnell raus war. Doch das Leben lotste mich in eine andere Richtung. Einen Tag bevor das nächste Casting in Stuttgart stattfand, fragte mich meine Mutter, ob ich bei meiner Entscheidung bleiben würde, nicht weiterzumachen. Zunächst blieb ich bei meinem Entschluss. Schweren Herzens schlief ich ein, auch wenn mir das Ganze wie ein Stein im Magen lagen. Zu allem Überfluss trennten sich nämlich zu dieser Zeit gerade meine Eltern.

Du kannst dir also vorstellen, was in meinem kleinen Köpfchen und meinem kleinen Herzen vor sich ging. Ganz schön viele Emotionen. Irgendwann schlief ich dann tränenüberströmt ein und wachte merkwürdigerweise am nächsten Morgen ohne Wecker auf. Ich lag mit offenen Augen in meinem Bett, und meine kleine innere Stimme flüsterte mir sanft zu: »Fahr zum Casting nach Stuttgart, Mandy!«

Ich rannte ins Zimmer meiner Mutter und rief ihr aufgeregt zu: »Mama, wir müssen nach Stuttgart!« Sie entgegnete mir: »Mandy, du bist verrückt, wir schaffen das nicht mehr.«

Ob es nun Sinn ergab oder nicht, ich zog mich wie ferngesteuert an, und wir machten uns auf den Weg. Ich dachte nicht eine Sekunde mehr nach, sondern folgte nur dieser inneren Stimme: »Du musst dorthin, du musst – egal wie!« Ich hatte mich auf nichts vorbereitet, weder einen spezifischen Song einstudiert noch mir Stunden davor die Haare gemacht wie in Frankfurt am Main. Doch ohne es zu wissen, war ich vorbereitet, und nur ein Song schoss mir in den Kopf. Während sich meine Eltern trennten, hörte ich täglich bis zum Einschlafen *Stand up for love* von Destiny's Child. Ich konnte jedes Wort auswendig, ich habe diesen Song gelebt. Monatelang.

Und dann saß ich von einem Moment auf den anderen vor einer Art Pre-Jury und sang diese Zeilen »*There are times, I find it hard to sleep at night. We are living through such trouble times*«. Ich sang genauso, wie ich es zu Hause gemacht habe. Es war Ruhe im Raum, und jemand rief ein »STOPP – danke« hinein. Ich dachte: »Okay, das war's jetzt.« Aber das Gegenteil war der Fall – ich war weiter!!! Ich dachte, ich höre nicht richtig. Innerhalb von Sekunden standen wir vor der eigentlichen Jury: Nina Hagen, Detlef D! Soost und Dieter Falk. Ich lief zu meiner Nummer auf dem Boden und bemerkte, dass ein Bein anfing zu zittern. Das passiert mir heute noch manchmal, wenn ich bei einer Performance sehr aufgeregt bin. Ich versuchte, mein Bein festzuhalten, damit es nicht auffiel, und konzentrierte mich nur auf die Zeilen.

Ruhe im Raum. Die Kameras gingen an. Mein Bein zitterte und meine Stimme ebenso. Kurz nach meinem Einsatz stellte ich fest, dass ich eine Oktave zu hoch angefangen hatte. Shit! Ich schloss meine Augen und machte einfach weiter. Dann plötzlich sagte jemand: »Danke!« Dieter war sich nicht so sicher mit mir, Nina dazwischen und D! war fix und fertig und sagte den Satz, für den ich ihm für immer dankbar sein werde: »Seid ihr verrückt, wir haben hier vor uns einen Rohdiamanten, der geschliffen werden muss.«

Dieser Satz stellte alles auf den Kopf und katapultierte mich in die nächste Runde. Ausgerechnet der »Trennungssong« war mein Glücksbringer – der beste Beweis, dass Momente der Unsicherheit und Traurigkeit auch tiefe Gefühle und neue Chancen eröffnen. Mein Weiterkommen ist ein Beweis dafür, dass wir uns manchmal nicht von Zweifeln und Zweiflern aufhalten lassen sollten, auch nicht von unserer Angst zu versagen. Wie Mama immer sagte: »Wenn man etwas will, muss man dafür kämpfen.« Alles, was ich gemacht hatte, war, meinem Bauchgefühl zu folgen, das mich am Morgen sanft und bestimmt geweckt hatte und mich ermutigte, an mich zu glauben. Hätte ich meine Schüchternheit nicht überwunden, würde ich jetzt nicht hier sitzen und dieses Buch schreiben. Dann hätte es *Monrose* nicht für mich gegeben. Mein Leben wäre bis hierhin anders verlaufen. Ich bin sehr dankbar für diese Stimme in mir, der ich vertrauen kann. Und natürlich muss ich einer Person, die eine große Rolle in diesem Moment spielte, am meisten danken, denn sie hat all das mitgemacht: meiner Mutter. Danke, Mama!

Erwachsenwerden in der Musikbranche

Von da an nahm mein Leben Fahrt in eine völlig neue Richtung auf. Manche würden sagen: So ein Glück muss man erst einmal im Leben haben, so jung Popstar zu werden, durch die Welt zu reisen und dabei auch noch Geld zu verdienen, bevor die Schule überhaupt vorbei ist! Definitiv hat das auch etwas mit Glück zu tun.

Der Satz des Philosophen Seneca beschreibt das Glück sehr treffend: »Glück ist, was passiert, wenn Vorbereitung auf Gelegenheit trifft.« So haben mich meine eifrigen Proben im Kinderzimmer genau auf diese Gelegenheit vorbereitet. Heute weiß ich allerdings: Für diese Art des Glücks zahlt man einen hohen Preis. So ready ich mich auch fühlte, es ging alles viel zu schnell. Ich war damals erst 16 Jahre alt, während andere aus der Band mit Mitte 20 schon deutlich mehr Lebenserfahrung hatten sammeln können. Ich bin als Kind in dieses Casting reingegangen und als vermeintlich Erwachsene herausgekommen. Plötzlich wurde ich zu so etwas wie einem Vorbild: Wir waren Trendsetter. Jugendliche tapezierten ihre Kinderzimmer mit unseren Bildern und hörten auf das, was wir sangen und in Interviews erzählten. Ob ich bereit war, eine Künstlerin zu sein? Ich dachte: Ja! Ob ich bereit war, eine Vorbildrolle einzunehmen? Natürlich nicht! Ich musste mich erst selbst in dieser Welt zurechtfinden.

Bleib real!

Ich lernte sehr schnell, was es heißt, sich um sich selbst zu kümmern, und zwar auf allen Ebenen. Ein krasses Arbeitspensum durchzuhalten, doch auch mental stark zu bleiben. Dafür habe ich sehr früh ein Bewusstsein entwickelt. Wir hatten teilweise bis zu drei Flüge und zwei Performances an einem Tag. Morgens um vier Uhr ging es in die Maske und um drei Uhr nachts wieder ins Bett. Dazu immer gut gelaunt sein, egal zu welcher Uhrzeit. Warst du einmal müde und nur noch ausgelaugt und nicht in der Verfassung, ein Foto um fünf Uhr morgens am Flughafen zu machen, dann wurdest du als arrogant bezeichnet. Das ist mir sehr nahegegangen.

Es gab Momente, da konnte ich einfach nicht mehr. Die Off-Tage habe ich meistens mit Schlafen verbracht. Denn rauszugehen hieß, keine Privatsphäre zu haben. Also habe ich mir angewöhnt, immer »Foto-ready« zu sein. Was ziemlich anstrengend war. Doch ich war jung und noch nicht so selbstbewusst, wie ich auf den Magazincovern rüberkam. Sehr früh legte ich mir strenge Regeln auf, die meine Mutter nie mochte. Sie fragte mich immer, warum ich so streng mit mir sei.

Bis heute gibt es nicht eine Sache, die meine Mutter nicht von mir weiß. Ich erzähle ihr alles. Sie war und wird immer meine beste Freundin fürs Leben sein. Doch es gibt gewisse Dinge im Leben, die kann man nicht nachempfinden, wenn man sie nicht selbst erlebt hat, egal, wie viel Empathie man besitzt. Ich habe Dinge erlebt, die sind schwer in Worte zu fassen. Meine Realität war einfach nicht mehr normal. Doch ich wollte unbedingt, dass alles normal bleibt. Ohne es damals bewusst zu spüren, gab es einen schleichenden Prozess der Veränderung. Ich verließ mein Zuhause, war so gut wie nie in meinem Elternhaus. Nicht nur das war der Grund, warum ich immer weniger Dialekt sprach. Man sagte mir auch, dass ich mir angewöhnen solle, Hochdeutsch zu sprechen, da sich das intellektueller anhören würde. Okay, dachte ich. Dann mag das wohl so sein. Meine Freundinnen zu Hause fanden das gar nicht cool, dass ich für sie plötzlich so »komisch« sprach. In Interviews konzentrierte ich mich meist so darauf, Hochdeutsch zu sprechen, dass ich ein wenig verklemmt rüberkam.

Aber nicht nur mein Dialekt wandelte sich. Aus meinem T-Shirt von *Pimkie* wurde ein *Marc-Jacobs*-Kleid, aus meinen braunen Haaren eine blonde Mähne, aus meinen Rehaugen wurden Katzenaugen, und das ziemlich traditionelle Mädchen, das ihrem Vater noch nicht einmal von ihrem ersten Boyfriend erzählte, wurde wenig später zur »FHM sexiest Woman in the World« gewählt. So lustig, da ich mich damals noch so gar nicht sexy fühlte.

Die ersten fünf Jahre mit *Monrose* waren besonders und auch besonders schön – aber um ehrlich zu sein, trotz aller Dankbarkeit, sie waren auch besonders anstrengend. Ich verließ meinen sicheren Platz. Mein Zuhause!

Den Ort, an dem ich mich immer sehr wohl gefühlt hatte. Wenn ich doch mal da war, dann wurde ich ganz schnell wieder zur kleinen Mandy aus Bürstadt. Wenn ich von einer Performance nach Hause kam, zog ich direkt meine »fancy Kleidung« aus, schminkte mich ab und zog meinen Mickey-Mouse-Schlafanzug an. Ich erinnere mich, dass meine Mama immer sagte: »Jetzt bist du wieder meine Mandy.«

Mein Bruder fand mein Leben gar nicht cool. Er mochte es nicht, dass ich so viel Make-up trug, er verstand meine Welt nicht. Er fand es vor allem merkwürdig, dass alle Menschen plötzlich so anders zu mir waren. Er wollte nicht, dass ich mich veränderte, und um mir klarzumachen, dass sich nichts zu Hause geändert hat, nur weil mich jetzt seine ganze Schule kannte, gab er mir bewusst immer Dinge zum Aufräumen. Er wollte auf keinen Fall, dass ich anders behandelt werde. Denn das hat er gespürt, egal, wo wir hingegangen sind. Und er merkte mehr als ich, wie manche Menschen regelrecht »fake« zu mir waren, nur weil ich bekannt war. Für mich waren die Menschen einfach nur nett, bis ich sie beobachtet habe, wie sie mit anderen umgehen. Das mochte ich nicht. Heute weiß ich aber, dass er immer nur mein Bestes wollte. Er sagte immer: »Nimm das alles nicht so ernst, Mandy! Bleib real.« Und glaubt mir, man selbst zu bleiben, real in einer Welt, in der fast alles fake ist, braucht viel Contenance. Doch diese zwei Worte haben mich immer geprägt: Bleib real!

Mein neues Normal

Die Besuche im Einkaufszentrum mit meinen besten Freundinnen oder meiner Mama waren nicht mehr wie früher. Als ich mir kurz vor Weihnachten eine Jeans kaufen wollte, kam der Verkäufer zu meiner Mutter und mir und meinte: »Wir haben die Security gerufen.« Meine Mutter fragte: »Warum?« Er: »Drehen Sie sich mal um, Ihre Tochter kommt hier nicht ohne Begleitung raus.« Das ganze Einkaufszentrum war voller Menschen, die an die Scheibe des Ladens klopften. Ich erwiderte: »Wegen mir, Mama?« Meine Mutter schmunzelte und sagte: »Ich glaube schon, Schatz – sieht ganz danach aus.« Wir suchten vergeblich nach einem Hinterausgang, den es aber leider nicht gab. Und dann ging ich da raus, mit der Security direkt zum Auto, und wir fuhren nach Hause ... ohne Weihnachtsgeschenke.

Bald konnte ich nicht mehr ohne Bodyguard auf die Straße, mein Leben war fremdgesteuert. Ich bin ehrlich, die Bodyguards haben mich nie gestört, ich habe mich sicher gefühlt. Was mich jedoch störte, waren die Klatschgeschichten, die plötzlich anfingen. Eine Geschichte, über die wir heute in der Familie lachen können, auch wenn sie damals alles andere als lustig war, ist folgende:

Wenige Tage, nachdem ich die Show gewann, erschien in einer großen Boulevardzeitung ein Artikel mit der Überschrift »Mandy Capristo, 16, sucht Mann im Internet«. An den genauen Wortlaut erinnere ich mich nicht mehr, aber es war etwas in der Art wie: »Mandy Capristo datet auf Datingprofil mit dem Namen Hotpants21. Hat sie ihren Traummann schon gefunden?« Plötzlich war ich hellwach. WAS, dachte ich. Was soll das? Das stimmt nicht!

Natürlich konnte ich nicht einschätzen, dass das jetzt zu meinem Leben gehören würde, Dinge über mich zu lesen, die grundsätzlich falsch und erlogen sind. Mein zweiter Gedanke aber war: »PAPA! Oh mein Gott, wenn Papa das sieht, er wird wortwörtlich einen Nervenzusammenbruch bekommen oder aber die kalabrische Mafia anrufen (natürlich nicht wirklich).« Wie sich in einem Gespräch mit ihm später herausstellte, hatte er die Sache schon auf seine Weise geregelt. Völlig entspannt teilte er mir mit, dass er bereits bei der Zeitung angerufen und ihnen klargemacht hat:

»Mit uns nicht!« Ich war sprachlos. »Wie bitte, Papa, das ist nicht dein Ernst.« Papa: »Doch das ist wahr, was denken die denn? Ich habe ihnen gesagt, dass meine Tochter nicht mal weiß, wie man sexy schreibt – noch so ein Artikel, und ich stelle mich persönlich vor.«

Ich muss schmunzeln, während ich das schreibe. Damals aber war ich fix und fertig und antwortete nervös: »Papa, das geht doch nicht. Wir haben jetzt Anwälte, die sich darum kümmern. Du kannst da nicht einfach anrufen.« – »Natürlich kann ich das, Anwälte hin oder her. Ich bin dein Vater und du meine Tochter. Nur weil du jetzt ein Popstar bist, heißt das nicht, dass sie meine Erziehung über Bord werfen können. Das ist mir das Heiligste.« Und wo er recht hatte, hatte er recht! Natürlich habe ich das damals nicht so entspannt gesehen, aber warum sollte eine Musikindustrie plötzlich andere Regeln mit ins Spiel bringen? An erster Stelle war und bin ich Tochter, alles, was danach kommt, ist zweitrangig. Mich nicht zu beschützen, das hätte mein Vater nicht mit sich ausmachen können. Und da war er wieder, der Satz am Ende des Gesprächs: »Mandy du bist 'ne Capristo, du machst so etwas nicht!« Und ich muss immer noch sehr schmunzeln, wenn ich an diesen Moment zurückdenke.

Wo ich verwurzelt bin

Wenn ich zurückblicke, bin ich sehr dankbar für meine starken Wurzeln und Werte. Ich wusste immer, dass ich nicht weniger geliebt worden wäre, wenn ich mit dem Musiker-Dasein hätte aufhören wollen. Meine Eltern haben mir immer zu spüren gegeben, dass ihnen mein Glück das wichtigste ist. »Wenn du das nicht mehr machen möchtest, dann passiert nichts – vergiss das nicht, Schatz« – auf diese Worte konnte ich mich immer verlassen.

Es gab Momente, in denen ich nachts im Bett lag und mich fragte, ob das wirklich das Leben ist, das ich führen möchte. Ich weiß tief in mir drin, dass ich geboren wurde, um zu singen. Aber die Branche ist sehr kontrovers zu dem, wer ich bin, woher ich komme und was ich oftmals für richtig empfinde. Ich habe immer sehr stark versucht, alles unter meiner Kontrolle zu behalten, vielleicht lag das daran, dass ich auf vielen Ebenen unglaublich fremdgesteuert war. Sicherlich war das einer der Gründe, warum ich keinen Alkohol trank. Ja, richtig gehört. Wie ich all die Aftershow-Partys überstand? Mit Coca-Cola! Wenn ich es richtig ernst gemeint habe, dann das nächste Level. Red Bull! Dann habe ich aber meine Tanzmoves nicht mehr unter Kontrolle gehabt. Du kannst dir einen Mix zwischen Prince von Bel Air und Speedy Gonzalez vorstellen. Ich bin also zum größten Teil »auf Coca-Cola« gewesen, wenn wir es einmal hart ausdrücken wollen.

Mein Fokus war mein Job. Leider viel zu früh. Nach dieser Schlagzeile hatte ich immer Angst, dass mein Vater irgendwann in der Zeitung ein Bild von mir betrunken sehen konnte. Deswegen ließ ich immer die Finger davon. Aber nicht nur das war der Grund. Je älter ich wurde, umso mehr wollte ich. Vieles lag nicht mehr in meiner Hand. Doch die Dinge, die ich kontrollieren konnte, die kontrollierte ich. Das, was ich beschützen konnte, beschützte ich und beschütze ich bis heute. Mein Privatleben. Ich wollte nie, dass meine Würde ins Wanken gerät. Ich hatte immer ein klein wenig das Gefühl, dass ich anders war. Damit meine ich nicht besser oder schlechter, einfach ein wenig anders. Ich hatte immer das Gefühl, dass ich mich selbst ein wenig beschützen musste. Trends waren mir völlig egal. Und Part einer Szene wollte ich auch nicht sein. Ich war mittendrin, aber nie wirklich Teil davon. Während alle in die Stadt zogen, entschied ich mich, auf dem Land zu bleiben. Mein erstes großes Geld investierte ich in einen Hauskauf. Da meine Mutter nach der Trennung mit meinem Bruder und mir in eine Wohnung zog, war mein erster Gedanke, dass ich es gern für meine Familie schön haben möchte. Während meine Kolleginnen sich Designerhandtaschen kauften, habe ich im Tourbus überlegt, welche Garage oder welchen Zaun ich nun auswähle. Um ehrlich zu sein, fand ich das manchmal auch nicht so cool. Aber 3.000 Euro für eine Handtasche auszugeben war für mich absurd, was es heute noch ist. Ich brauche sehr lange, bis ich mich für etwas entscheide, doch dann bleibt es auch einen ganzen Moment bei mir. Ich denke, so lernt man, Dinge wertzuschätzen, vor allem wenn man hart dafür arbeitet.

Ein anderer Traum von mir war es, Architektin zu werden, und den habe ich mir zumindest teilweise erfüllt. Ich habe die Architektur meines Hauses gemacht, natürlich in Zusammenarbeit mit Experten – doch wenn ihr euch fragt, was ich im Tourbus nachts gemacht habe? Genau das. Wände eingezeichnet, Statiken besprochen, die Treppe geplant und, und, und. Ich fand's cool, ich mochte das. Während ich noch wach war, weil ich meine Tourkostüme mit Strass beklebte, hatte ich auf meinem Bett die Hauspläne liegen. Ich war schon immer jemand, dem sein Zuhause sehr wichtig war. Ich bin gern daheim, manchmal sogar zu sehr Couchpotatoe. Ich mag's gemütlich. Und es war die beste Investition, die ich hätte machen können. Na ja fast. Die beste Investition meines Lebens ist natürlich Capone, mein Mops. Also eigentlich mein Sohn. Er könnte mitlesen, deswegen: Capone, mein Sohn.

In diesem Haus ist viel passiert. In diesem Haus bin ich erwachsen geworden. Ich sage immer, dass hier eine besondere Energie zu spüren ist. Hier sind sehr viele gute Dinge für mich geschehen, und ich bin diesem Haus sehr dankbar. Es erinnert mich an einen Moment, den ich in meinem

Leben nie vergessen werde. Als junges Mädchen habe ich immer viel von meinen Lebensträumen geträumt. Was ich auch heute noch mache, das möchte ich mir nicht nehmen lassen.

Meine Mutter wurde damals oft in unserer Kleinstadt gefragt, wenn sie einkaufen ging: »Mensch, Carmen, hättest du gedacht, dass unsere Mandy irgendwann einmal eine bekannte Sängerin wird?« Und sie antwortete immer: »Ja, das mag sich jetzt komisch anhören, aber ja.«

Als ich jung war, erzählte ich meiner Mutter alles, was ich vorhabe und mir wünsche. Sie sagte immer: »Schreib es auf, Mandy!« So fing meine Liebe zum Schreiben an. Alles, was in mir war, schrieb ich also auf. Meine Gedanken, meine Sorgen, meine Trauer, meine Freude und meine Wünsche. Meine Mutter sagte immer: »Glaub daran, glaub an dich.« Intuitiv habe ich das richtig gemacht. Ich habe meine Träume als Kind schon immer aufgeschrieben und aufgemalt, in meinem Kinderzimmer hingen neben Postern Visionsboards mit Konzertbühnen. Ich habe eine Vision gehabt. Eine Vision für mich als kleine Sängerin und als junges Mädchen. Ein Bild davon, welche Frau ich einmal sein möchte.

Als ich die Umzugskartons in das Haus auf den Dachboden räumte, war ich gerade 18 Jahre alt. Ich erinnere mich an diesen Moment und bekomme noch heute Gänsehaut. Ich fand eine Box mit meinen Tagebüchern, eins davon hatte ich geschrieben, als ich etwa zwölf Jahre alt war. Darin stand: »Liebes Tagebuch, ich wünsche mir eine Miss-Sixty-Hose. Irgendwann werde ich einen Mini Cooper in der Farbe Creme haben. Wie Laura, meine Freundin. Ich möchte so sehr einen Mops haben und möchte, dass er mein bester Freund wird. Ich werde Sängerin. Ich wünsche mir nichts mehr. Und irgendwann werde ich meiner Familie ein Haus bauen. Ich möchte ein eigenes Haus.«

Ich war sprachlos und rief meine Mutter hoch. Denn ich saß da, auf dem Dachboden in meinem eigenen Haus, das ich mir nur hatte kaufen können, weil ich Sängerin geworden bin. Vor meiner Tür stand ein cremefarbener Mini Cooper Cabrio. Und neben mir lagen viele Mops-Kuscheltiere meiner Fans. Irgendwann kam dann Capone in mein Leben, aber das hat noch fünf Jahre gebraucht. Heute weiß ich, dass man das »manifestieren« nennt. Und dass das alles kein Zufall war. Ich habe in meinem Kopf so gelebt, als hätte ich es schon, ohne daran zu zweifeln.

Jahre später habe ich gelesen, was Quantenphysik damit zu tun hat und auch, welche Macht die eigene Anziehungskraft hat. Ich hatte mir mein Leben also manifestiert. Dieser Moment auf dem Dachboden kommt mir immer in den Kopf, wenn ich denke, dass ich kraftlos bin, wenn Dinge nicht funktionieren, wie ich sie mir wünsche, wenn ich denke, ich versage, wenn ich denke, dass ich nicht gut genug bin, und wenn ich einfach wieder zu viel nachdenke. Ich erzähle dir diese Geschichte nicht, um dich zu beeindrucken. Ich möchte dir damit zeigen, dass dir genau dasselbe passieren kann.

Du kannst alles haben.
Du kannst alles sein.
Schreib es auf, glaube daran.

Für mich ist dieses Haus sehr wertvoll. Es erdet mich, inspiriert mich und lässt mich aufgehoben fühlen. Es erinnert mich daran, dass ich alles schaffen kann. Es ist für mich da, seit ich 17 Jahre alt bin und auch jetzt, während ich diese Zeilen in meinem eigenen Buch schreibe. Auch wenn sich das gerade sehr glamourös liest, ich bin in keinem wohlhabenden

Elternhaus aufgewachsen. Ich habe keine Vorzüge einer besonderen Gesangsausbildung genossen und war auf keinem Internat, welches mich von morgens bis abends gefördert hat.

Ich bin genau wie du.
Ich bin genau wie du aufgewachsen.
Ich habe mein Taschengeld selbst verdient.
Ich habe mir alles selbst beigebracht.
Und ich hatte vieles nicht, was Freunde von mir hatten.
Aber ich hatte eine Sache: Meinen Glauben an mich!

Die ersten Jahre fühlten sich leicht an. Ich dachte nicht so viel nach, dazu war gar keine Zeit. Ich machte einfach. Meistens das, was man von mir wollte. Mein Leben war so strukturiert, dass ich die Treffen mit meinen Freunden auf Flughäfen und in Hotels planen musste. Denn sonst hätten sie nicht stattgefunden. Ich fuhr nachts nach Konzerten für wenige Stunden zu meiner Freundin und traf mich mit ihr, egal, wie müde ich war und wenn es nur für ein paar Stunden war. So konnte ich wenigstens ein bisschen dabei sein, bei einem Sommernachmittag im Freibad, bei einem Date in der Eisdiele und ja, auch bei dem, was noch so in der Schule passierte. Ich hatte früh den Wunsch, verwurzelt zu bleiben. Das gab mir Kraft und Halt, ganz tief.

Am schwersten fiel es mir, meine Leichtigkeit zu bewahren. Früher habe ich nicht verstanden, was meine Mutter damit meinte, wenn sie Unbeschwertheit immer und immer wieder als wichtigen Punkt erwähnt hatte. Heute bin ich ein klein wenig traurig darüber, dass ich diese Unbeschwertheit so früh verloren habe. Es wurde alles sehr schnell sehr ernst. Manchmal frage ich mich, warum man nicht mehr Wert darauf gelegt hat, dass wir noch Jugendliche sind. Ich erinnere mich nicht an eine Jugend. Ich war gerade 16, ich war in der Band, ich war erwachsen. Ein erwachsenes Kind.

Eine Person, die alles gab und für die unser Wohl im Vordergrund stand, war unsere damalige Managerin Joy. Ich möchte noch einmal sagen, wie dankbar ich ihr immer sein werde. Sie war meine erste Managerin und dazu eine wichtige Vertrauensperson. Joy hat einen wundervollen und einzigartigen Job gemacht, ihr Leben für uns, ihre Künstlerinnen, zu geben und sich für uns gegen alle zu stellen. Sie ist Dinge anders angegangen. Ihr war wichtig, dass wir Künstlerinnen sind, dass wir live singen, dass wir mit Bands spielen, dass das, was wir singen, Bedeutung hat. Und auch, dass wir uns intern verstehen. Drei Mädchen aus verschiedenen Elternhäusern, Kulturen und Ansichten zusammenzubringen und daraus eine Einheit zu machen, war nicht immer einfach. Aber sie hat es geschafft. Sie hat nicht nur drei Künstlerinnen vermarktet, sie war zum Teil auch ein Elternteil. Nachts, wenn es uns nicht gut ging, haben wir bei ihr geschlafen, oder sie sprach stundenlang mit uns am Telefon. Unsere Gefühle, wer wir sind, was wir denken und wer wir sein wollen, waren immer wichtig für sie. Wir haben ihr die Fragen im Tourbus gestellt, die man eigentlich seiner Mama stellt. Sie hat unsere Tränen getrocknet, wenn wir Liebeskummer hatten, und sie hat uns immer das Gefühl gegeben, dass wir alles sein können. Wenn wir fokussiert bleiben. Danke, Joy!

Bau ein Zuhause in dir auf

On tour waren meine Bandkolleginnen Senna, Bahar und meine Managerin Joy meine Ersatzfamilie. Wir waren 24/7 zusammen. Wir aßen abends zusammen Pizza auf dem Hotelzimmerteppich, haben beieinander geschlafen und waren füreinander da, wenn es einer von uns nicht gut ging. Das waren wir wirklich! Auch wenn wir uns irgendwann auseinandergelebt haben, wir haben unbeschreibliche und unvergessliche Zeiten miteinander erlebt. Diese Zeit wird uns immer verbinden. Ich bin den beiden sehr dankbar, dass sie mir die schönste Jugend geschenkt haben, die ich mir damals für mich vorstellen konnte. Danke, Bahar! Danke, Senna!

»Ihr seid nur so stark wie das schwächste Glied in der Gruppe.« Das war der Leitsatz, den uns Joy mit auf den Weg gegeben hat. Er hat mich für mein Leben geprägt. Wir lernten nicht nur, wie man Interviews führt, sich überall zu Hause fühlt, was man alles in einem Koffer durch die Welt trägt, sondern auch, gemeinsam mit dem Druck umzugehen. Wir ahnten relativ schnell: Wenn wir nicht mehr erfolgreich sein sollten, dann wird die Band aufgelöst. Wir landeten mit *Shame* einen Nummer-Eins-Hit, in Deutschland, Österreich und der Schweiz. Der Erfolg riss uns mit wie eine große Welle. Ich sage immer, Monrose war meine Ausbildung zum Leben. Manchmal habe ich das Gefühl, ich hätte ein Leben von fünf Menschen gelebt. Aber ohne diese extremen Erfahrungen wäre mein Blick auf die Welt auch nicht so offen. Auf Kulturen. Auf Menschen. Auf deren Meinungen. Auf Niederschläge. Auf Erfolge. Ohne diese teilweise auch schmerzvolle Erfahrung hätte ich heute wahrscheinlich nicht diesen Überlebensinstinkt. Wenn man mir nicht so oft die Tür zugeschlagen hätte, wäre ich nie in andere Räume gelaufen. Wenn die Medien früher nicht so oft geschrieben hätten, dass wir ja »nur eine Castingband« seien, hätte ich vielleicht nie den Willen gehabt, eine eigenständige Künstlerin sein zu wollen, und angefangen, mein Leben selbst zu definieren. Vielleicht wäre nie dieser eigene Qualitätsanspruch entstanden.

Wenn es keine Lügen in der Klatschpresse über mich gegeben hätte, hätte ich vielleicht nie den Drang gehabt, so sehr zu beweisen, wer ich wirklich bin. Wäre ich nicht so oft allein gewesen, hätte ich mich nie so gut kennengelernt und wäre auch nicht für mich eingestanden, für das Richtige zu kämpfen. Und wenn ich mich nicht so oft in oberflächlichen Momenten, Gesprächen und Situationen befunden hätte, hätte ich vielleicht nie das Gefühl gehabt, etwas erschaffen zu wollen, das mich wirklich erfüllt und von tieferer Bedeutung ist.

Ich habe oft gehört »Mandy, du führst das perfekte Leben« – »Dir geht es immer gut« oder »Mandy hat immer Glück« – das ist leider nicht wahr. Bei keinem Menschen! **Es sind nicht Dinge, die wir erfahren müssen, sondern das, was wir daraus machen.**

Manche Momente im Leben haben wir nicht unter Kontrolle, egal, wie sehr wir unser Bestes geben. Doch wir haben unter Kontrolle, was wir darüber denken und wie wir damit umgehen. Jeden Abend und jeden Morgen, egal, wie gut und egal, wie schlecht es mir geht, frage ich mich: »Welcher Mensch möchtest du sein?« Wie möchte ich einen Raum verlassen, wenn mir jemand gerade gesagt hat, dass es für mich keinen Platz an diesem Tisch gibt? Stehe ich auf und gehe? Oder stehe ich auf, sehe es als Chance und gründe mein eigenes Unternehmen?

Heute top, morgen not?

Wie du gerade lesen konntest: Meine ersten Jahre als Popstar schenkten mir sehr viel Freude, Erfahrung und unvergessliche Momente. Aber es war auch auf eine Art außer Kontrolle und fühlte sich oft wie eine Achterbahnfahrt an. **Uns drohte, trotz unserer gigantischen Erfolgswelle, dass das Glück uns jede Sekunde genommen werden kann.** Das ist ein Gefühl von konstanter

Unruhe und Leistungsdruck. Zu diesem Zeitpunkt kannte ich noch nicht die Ansicht von das »Glück von außen und das Glück von innen«. Erfolg war für mich Glück.

Ich kann mich noch gut an einen Moment erinnern, der tatsächlich der erste richtig prägende für mich als Künstlerin in der Musikbranche war. Nach den Erfolgswochen von *Shame* und all den Rekorden und Auszeichnungen stieg das Gefühl in uns, dass wir es geschafft haben. Wir hatten eine monatelange TV-Produktion hinter uns, bei der es gefühlt jeden Tag darum ging, in die nächste Runde zu kommen und die Leistung immer wieder zu übertreffen. Gut zu sein war nicht gut genug. Du musstest herausstechen.

Als wir das Finale hinter uns hatten und die Wertschätzung und Liebe des Publikums und der Fans spürten, fühlten wir uns zum ersten Mal seit Monaten sicher. Als jedoch unsere zweite Single rauskam, nur wenige Wochen nach *Shame*, bekamen wir sehr schnell einen Reality Check. Die Single *Even heaven cries* stieg auf Platz 6 ein – also in die Top 10. Wir freuten uns, der Song lief im Radio, und für uns war das ein vernünftiger Einstieg. Am 1. April 2007 wurden wir allerdings ausgebremst. Unsere Managerin trommelte uns zusammen. Wir sollten uns »ernsthaft unterhalten«. Ich weiß noch wie heute, dass wir aufgeregt und regungslos in einem Restaurant eines Hotels zusammensaßen, wir wagten kaum zu atmen, und es hieß: »Mädels, es gibt keine guten Neuigkeiten. Ich habe mit dem Label gesprochen, wenn die nächste Single nichts wird, dann werdet ihr gedroppt.« Auf gut Deutsch heißt das fallengelassen, ihr verliert euren Plattendeal. Wir saßen da, schauten uns an, wussten nicht, was wir sagen sollten, und dachten: »Mmh, Joy, was soll das? Ach so: April, April!« Doch niemand löste den Scherz auf, keiner lachte. »Das können sie doch nicht machen, Joy?«, erwiderten wir. »Doch, die Zahlen zählen.«

Lass dir dein Glück nie von außen nehmen

Dieser Moment war der erste Schockmoment, nur wenige Wochen nach dem Sieg. In diesem Moment fing mein »dickes Fell« an zu wachsen. Unser neues Motto lautete: »Und deswegen arbeiten wir jetzt noch härter. Keiner nimmt uns das weg.« Zu unserem großen Glück war Joy ebenso entsetzt und gerührt, als sie unsere Gesichter sah, und meinte: »Jetzt erst recht – nicht mit meinen Mädels! Wir ziehen das anders auf. Wir gehen ins Ausland, wir brauchen einen Hit.« Die eine weinte, die andere tröstete, und die dritte war gefasst. Wir schauten uns wieder an, aber dieses Mal mit Tränen auf den Wangen und einem kleinen Lächeln im Gesicht. »Wir gehen ins Ausland.«

Unser klares Ziel war es, unseren Sound zu individualisieren und eine internationale Note reinzubekommen. Wenige Wochen später flogen wir nach Kopenhagen. Der Druck war enorm. Wir wussten, es ging nicht nur um eine gute Chart-Platzierung, wir *mussten* einen Nummer-Eins-Hit landen. Unser Ziel war es, allen zu beweisen, dass wir unser Glück auch verdienten und uns für nichts zu schade sind. Wir waren Tag und Nacht im Studio. Teilweise bis sechs Uhr morgens. Obwohl die Zeit echt hart war, erinnere ich mich gern daran. Wir sind jeden Tag, ob bei Sonne oder Regen mit dem Fahrrad ins Studio gefahren – daran denke ich noch so oft. Ich habe es geliebt. Manchmal sind es die kleinen Dinge, die einem in Erinnerung bleiben. Durch die Stadt zu fahren, nach all den Sessions mit neuen Songs im Kopf, fühlte sich gut an.

Später haben wir uns entschieden *Hot Summer* als unsere dritte Single zu releasen, auch wenn wir überhaupt nicht einschätzen konnten, wie der Song ankommen würde. Irgendwann an einem Sommertag machten wir eine kleine Pause und saßen mit unseren Produzenten pizzaessend auf dem Boden. Joy bekam einen Anruf und lief weg. Wir schauten uns nur an und beteten. Wir wussten, es ging um die Platzierung. Sie kam und kam nicht zurück. Ein grauenvoller Moment. Sie lief zurück zu uns. Stille. Und dann war es so weit. Sie sagte: »Mädels, alsooooo … wollt ihr es wissen?« Stille. Und dann sagte sie laut: »Ladys, ihr seid Nummer 1 in der Schweiz, Nummer 1 in Österreich und Nummer 1 in Deutschlaaaaaaaaand. We made it, wir haben es geschafft!«

Wir fingen alle inklusive der Produzenten an zu weinen, umarmten uns, drehten *Hot Summer* auf und konnten unser Glück nicht fassen. Zwischen »Danke, Danke« und »Wir haben es geschafft« konnte man nur drei Mädchen mit Tränen in den Augen sehen, die die Wochen davor ernster genommen hatten als jede Runde der Show davor. Wir waren im echten Künstlerleben angekommen, und wir wussten, wir sind nicht nur in der nächsten Runde des Lebens angekommen, sondern haben erleben dürfen:

So schnell, wie man dir das Glück wegnimmt, kannst du es wiederhaben!

Heute denke ich mir, was für ein »gutes und essenzielles« Learning für die Branche und das Leben. Aber der Moment – puh, der war ziemlich emotional. Ich nahm mir vor, mich in Zukunft weniger abhängig von den äußeren Umständen zu machen. Denn darauf, so wurde mir schlagartig bewusst, hatte ich keinen sicheren und dauerhaften Einfluss.

War es wirklich Glück?

Was wäre, wenn damals der Traum einer Musikkarriere einfach ein Traum geblieben wäre? Wie hätte sich mein Leben verändert? Wer wäre ich geworden? Manchmal bin ich mit diesen Fragen eingeschlafen und auch wieder aufgewacht. Keineswegs weil ich es als einen Albtraum empfand. Doch manchmal ist vieles eine Illusion, anders als die Realität, und es gab Momente, Seiten meines Berufs, die sich für mich nicht nach dem realen Leben angefühlt haben. Ich habe gespürt, dass mir anfängt, etwas zu fehlen.

Ich hatte das Gefühl, dass sich sehr schnell die Leidenschaft mit dem Druck vermischt hatte. Meine Songs mit meiner Stimme waren zwar überall zu hören, doch eine Sache, die essenziell war und mich zusammengehalten hatte, wurde dabei immer leiser: meine innere Stimme! Bis zu dem Moment, als ich sie kaum noch hörte bei der ganzen Ablenkung. Dabei sagte sie die ganze Zeit sanft und bestimmt: Stopp, Mandy! Bis dahin waren schon sieben Jahre vergangen. Sieben Jahre nonstop unterwegs, sieben Jahre keine wirkliche Pause, sieben Jahre kein wirkliches Privatleben und sieben Jahre auch keine Pause für den eigenen Kopf, um zu realisieren, was seither passiert war. Mittlerweile war ich eine junge Frau. Ein Moment, der auffällig war: Meine Mutter nahm mich eines Tages, als ich an Weihnachten zu Hause war und eigentlich nur erschöpft auf dem Sofa saß und in die Leere schaute, zur Seite und sagte besorgt zu mir: »Ist alles okay?« Ich sagte: »Ja, ich glaube.« In einem Gespräch die Tage danach sagte sie: »Mandy, ich habe das Gefühl, du hast deine Leichtigkeit verloren.« Erst wollte ich widersprechen, weil der Verlust mir so groß erschien, es hörte sich ein wenig übertrieben an, doch als sie mein Zimmer verließ und ich einen Moment für mich hatte, musste ich mir eingestehen: Sie hat recht, es stimmte.

Ich hatte nie »perfekt« sein wollen, denn das ist ganz klar ein unerreichbares Ziel und auch nicht der Ansatz. Doch ich habe versucht, alles perfekt zu machen. Ich habe irgendwann den Druck von draußen zu mir mit nach Hause mitgenommen. Um zu funktionieren, habe ich meine Emotionen oft in eine Box gepackt und wurde hart zu mir selbst. Ich habe manchmal selbst mit mir wie mit einem Soldaten gesprochen. Ich habe so vieles für so lange Zeit zur Seite gepackt, kein Wunder, dass es irgendwann in den Vordergrund drängte.

Ich wusste nicht, dass es so etwas wie Glaubenssätze gibt und dass sie so tief in einem drin sein können, und ich wusste auch nicht, was sie mit einem machen. Das habe ich erst viel später in Büchern gelesen und bei meinem Coaching gelernt. Einige meiner Glaubenssätze waren: Mit harter Arbeit verdienst du Geld. Ruhe dich nicht aus, dann verlierst du nur Zeit. Jede Zeit, in der du ausruhen wirst, ist vergeudete Zeit. Ich habe jeden Tag versucht, irgendwas Neues zu lernen. Selbst an meinen Off-Tagen. An mich und meine Gefühle dachte ich als Letzte. Und so gab ich alles, damit alle Termine auch liefen.

Irgendwann in einem meiner Life Coachings habe ich einen Satz gelernt, den ich sehr spannend fand. In dieser Zeit hatte ich Probleme mit zu viel Ruhe, für mich musste immer etwas passieren. Wenn ich zu lange zu Hause war, war das merkwürdig für mich. Das kennen sicher viele Menschen. Ich sagte in einem Gespräch zu meinem Coach: »Es passiert gerade nichts.« Ihre Antwort: »Auch wenn nichts passiert, heißt es nicht, dass nichts passiert.«

Ich war so sehr daran gewöhnt, dass alles, was ich machte, öffentlich war und irgendwo zu sehen war. Nach diesem Satz fing ich an, mehr darauf zu achten, was in mir passiert. Dieser Satz hat etwas mit mir gemacht. Denn oftmals geschieht so viel, was uns zum größten Teil nicht bewusst ist. Wir zählen unsere Milestones, aber nicht die Steine, die wir bis dahin alle aus dem Weg geräumt haben, um dort anzukommen. Die Momente, auf die wir eigentlich stolz sein dürfen. Das sind die, die uns wachsen lassen. *Das sind die Momente, die es ausmachen!*

Der Schatten des Glücks

Das ewige Unterdrücken meiner Emotionen hat mir nach einigen Jahren in der Branche die Kontrolle aus der Hand genommen. Alles war anders. Dieses Gefühl erinnerte mich daran, wieder für mich selbst einzustehen.

Und mich an erste Stelle zu stellen. Ich wusste, nun ist es Zeit, etwas zu ändern. Ich wollte dieses Gefühl nicht spüren. Ich machte mich auf die Reise, um einen Weg zu finden, der mich wieder bei mir ankommen ließ. Egal, was das bedeuten würde. **Für mich ist das Wertvollste das Gefühl, bei mir selbst zu sein. Wenn dieses Gefühl verschwindet, löst das eine unglaubliche Trauer aus.**

Wir sind so darauf getrimmt, dass alles höher, weiter und schöner sein soll. Wir suchen nach etwas Besserem und reden uns ein, wenn wir mehr Erfolg, mehr Liebe, mehr Geld hätten, dann wären wir glücklicher. Ich weiß, dass das nicht stimmt, denn selbst wenn wir an diesem Punkt ankommen, gibt es neue Dinge, die wir haben wollen, neue Ziele, die wir erreichen müssen. **Wir haben wirklich alles, in dem Moment, in dem wir bei uns selbst sind. Wichtig ist nur, dass wir dem Ganzen auch diesen Wert geben.**

Wenn dir einmal dieses große Gefühl genommen wird, dann vermisst du diese innere Zufriedenheit. Kein Geld der Welt kann dir kaufen, dass du dich wie du selbst fühlst. Ich sehnte mich nach der Unbeschwertheit und Leichtigkeit, nach einem Tag ohne Druck, Termine und Stress. Nach einem Tag, an dem ich einfach nur sein konnte. Normalität! Es ist nicht einfach, selbst für die, die es täglich praktizieren. Doch wenn man den Fokus darauf legt, ganz gelassen im Moment und bei sich zu sein, dann schaut die Welt oftmals ganz anders aus. Die Situationen sind dann gar nicht so schlimm, wie sie sich anfühlen. Ein Song hört sich anders an, oder es fallen dir plötzlich Dinge positiv auf. Sätze, die Menschen sagen, bekommen eine andere Wirkung, und auch das Vogelgezwitscher gibt dir das Gefühl, am Leben zu sein. Part eines Ganzen zu sein. Denn das ist meines Erachtens oftmals das Problem. Wir sind so sehr in unserem eigenen Kosmos, denken so oft mit dem Ego und vergessen, was für ein kleiner Teil wir doch in dieser großen Welt sind. Es gibt so viel, was wir nicht ändern können. Ich habe einmal ein Buch geschenkt bekommen, darin stand ein Satz von Gandhi, den ich sehr wertvoll finde: »Sei du selbst die Veränderung, die du dir wünschst für diese Welt.«

Wenn ich dieses intensive Gefühl von »Bei-mir-sein«, spüren möchte, dann heißt es, dass man mit sich Hand in Hand durchs Leben geht und die Hand, auch wenn's unbequem wird, nicht loslässt. Dann nimmt man die Welt wieder im Ganzen wahr. Es gibt jeden Tag so viel, wofür wir dankbar sein können, man muss nur den Fokus darauf legen. Das wurde auch mir so langsam bewusst. Manchmal muss man sich Dinge, wie auch Gefühle zurückerkämpfen – und ich bin gerade mittendrin. Auch wenn es nicht immer einfach ist, hilft es mir, eine klare Vision von dem Ort zu haben, an dem ich ankommen möchte. Von der Frau, die ich sein möchte, und vor allem von dem, was ich fühlen möchte.

Sei dankbar!

Was mir sehr geholfen hat, war, die Dankbarkeit intensiv zu fühlen. In allem. Ich habe mir angewöhnt, nicht mehr nur »Danke« zu sagen für die Momente, die gut laufen, sondern auch »Danke« für die Erfahrungen, die ich vielleicht in dem Moment noch nicht verstehe, aber all mein Vertrauen hereingebe, dass diese Dinge aus einem guten Grund passierten. Ich entweder beschützt werde oder etwas sehr Wichtiges daraus lernen soll.

Es mag sich so simpel anhören, doch Dankbarkeit kann wirklich dein Leben verändern. Ich habe von einer meiner Lieblingsautorinnen Pam Grout das Buch »Sei dankbar und werde reich« gelesen. Dieses Buch hat viel mit mir gemacht. Denn es geht natürlich nicht darum, dass mit »Reich sein« von vielem Geld gesprochen wird, wobei sich das auch ändern kann mit dieser Einstellung. Die Bestseller-Autorin Pam Grout zeigt, wie du ein wesentlich erfolgreicheres und erfüllteres Leben führen kannst, indem du dich auf die Schwingung der Dankbarkeit einlässt. Dieses Buch bietet eine neue Perspektive auf Fülle und Reichtum, die weit über die Grenzen des Materiellen hinausgeht. Eine Übung, die ich daraus gelernt habe, ist, morgens schon dankbar aufzuwachen. Es hilft tatsächlich, einmal aufzuschreiben, was du denkst, denn Aufgeschriebenes setzt sich besser fest. Auch das habe ich gelernt. Und genau dasselbe mache ich am Abend mit drei Dingen, das hilft vor allem vor dem Einschlafen. Ich mache es besonders, wenn ich spüre, dass meine Gedanken ein wenig negativer sind. Probiere es mal, ich bin mir sicher, dass du dich danach sehr viel besser fühlst. Vor allem, wenn du es kontinuierlich machst und ein grundsätzliches positives Gefühl von Dankbarkeit in dir einpflanzt. Es wird sich etwas in dir verändern. I promise!

Die ersten Schritte zurück zu mir

Ich fing an zu analysieren, was ich anders gemacht hatte, als es mir richtig gut ging. Dahin wollte ich wieder zurück. Ich dachte an mich als kleines Mädchen und hatte direkt das Gefühl von damals in mir. Ich spürte eine enorme Dankbarkeit und wurde daran erinnert, dass ich all das, wonach ich gerade strebe, schon einmal gefühlt hatte. Ich hatte dieses Urvertrauen bereits gehabt und wollte es wiederhaben. Ich musste nur herausfinden, wie ich da wieder hinkomme. Zu wissen, dass ich es schon einmal ganz intensiv in mir gehabt hatte, gab mir Hoffnung und Stärke. Ganz pur habe ich dem Leben vertraut und wusste unterbewusst, dass immer alles gut wird. An diesen Satz erinnere ich mich sehr gut: »**Alles wird gut, und wenn es das noch nicht ist, dann wird es das werden, das Leben ist auf deiner Seite.**«

In meinen Teens fing ich an, sehr viele Selfhelp-Bücher zu lesen. In meinen Twenties begann ich, mit einem Life Coach zu arbeiten. Das Thema Positive Psychologie war schon immer sehr spannend für mich. Vor mehr als zehn Jahren lernte ich Life Coach und Therapeutin Barbara Kaufhold kennen, die mich auf meinem Weg begleitete. Eine für mich sehr besondere Frau, die mir sehr viele wertvolle Ansichten für mein Leben, für mich selbst und Menschen im Generellen geschenkt hat. In einem unserer Coachings sagte sie einmal etwas, was mir ein komplett neues Bild von Menschen und deren Verhalten beigebracht hat.

An diesem Tag war ich nicht wirklich gut drauf, irgendwas hatte mich belastet, und ich begann die Session mit »Es war kein wirklich guter Tag. Alles ist doof«. Barbara lächelte mich an und sagte: »Ist es das wirklich?« Sie sagte, sie würde mir ein Beispiel mit auf den Weg geben wollen, worüber ich einmal nachdenken solle: »Man kann das Leben eines Menschen wie ein Blumenbeet sehen. Einige Menschen haben Dinge erlebt, die tiefer in die Wurzel gehen und bei denen es sehr, sehr viel Arbeit braucht, damit oben wieder eine Blüte wächst. Und dann gibt es Menschen, bei denen ist einmal oder auch mehrmals ein Traktor drübergefahren, alles ist durcheinander, fühlt sich kaputt an, doch unter der Erde ist eine tiefe Wurzel, um die man sich einfach wieder kümmern muss, um das Beet wieder auf die Reihe zu bekommen.«

Das war ein Bild, das ich noch nie zu vor gehört hatte. Sie sagte: »Mandy, du hast starke Wurzeln in dir. Du weißt doch, wer du bist, du kennst und lebst deine Werte.« Warmherzigkeit, Ehrlichkeit, Tiefgründigkeit und Tradition ist die Welt, aus der ich komme. Und ich landete in einer Welt, in der andere Werte vorherrschen, manchmal sogar keine. Natürlich hat mich das irritiert. Natürlich hat das etwas mit mir gemacht. »Säe dein Leben wie ein Blumenbeet. Dann brauchst du nur noch gießen, Unkraut jäten und die Erde mal umgraben. Mit Liebe und Feingefühl für dich selbst.« Es wurde höchste Zeit, wieder mehr in meinem eigenen Garten zu sein und da alles zu richten. Dieses Bild werde ich nie vergessen. Danke, Barbara!

Das Gefühl, das ich suchte

Etwas, was ein wenig unerwartet bei einem so öffentlichen Beruf ist, der sehr von der Selbstdarstellung lebt: Ich als Mensch bin eher reservierter, privater, zurückhaltender. Das hat mir in meinem Beruf nicht immer geholfen. Auf meiner Reise und dem Reflektieren meiner Lebenssituation habe ich angefangen, mir andere Fragen zu stellen. Aus: Was bin ich nicht? wurde: Wer bin ich wirklich? Aus: Was hast du nicht? wurde: Was möchtest du in deinem Leben wirklich?

Ich bin, wie ich bin, wir sind, wie wir sind – einige Dinge können wir ändern, wenn wir wollen, aber es sind nicht die, die uns ausmachen. Gewisse Charaktereigenschaften, die haben wir in uns, und wenn wir den Blickwinkel verändern, machen genau die uns zu dem individuellen Wesen, das wir sein sollen. Es kommt immer nur darauf an, aus welcher Perspektive man es betrachtet.

Ich fing also an, mit mir selbst ins Gespräch zu gehen. Ich war mein einziger Interviewpartner, und nur ich konnte Dinge aus mir herauslocken, die ich sonst nie preisgeben würde. Aber es ging ja um kein klassisches Interview, was ich sonst geführt hatte. Es ging um das Interview meines bisherigen Lebens. Ich fragte mich also selbst: **Was willst du eigentlich in deinem Leben? Was ist dein persönlicher Weg zur Erfüllung?**

Meine Antwort kam ganz klar: Ich wusste, ich wollte ein Gefühl, das bleibt. Auch wenn mal der Job nicht funktioniert oder sonst etwas im Außen verschwindet. Es sollte nicht an eine andere Person oder Umstände geklammert sein. Ich suchte nach einem Gefühl, das mich motiviert, weiterzumachen und bei mir zu bleiben. Ein Gefühl, das mich überhaupt wieder fühlen lässt und womit ich andere berühren kann. Etwas, was dir ein anderer nicht geben, aber auch nicht nehmen kann. Ein Glück, für das ich selbst verantwortlich bin. Ich sagte mir innerlich: Ich möchte glücklich sein, simpel und echt. Bei mir, mit mir. Egal, was wer wo wann sagt.

Und ich schwor mir selbst, dass ich mich lieben möchte. Immer. Und dass ich alles nur danach entscheiden will, dass ich mich so fühle. Auch wenn ich dafür anders leben muss. Ich werde an erster Stelle an nichts anderem arbeiten, als wahrhaftig glücklich zu sein.

Das bin ich mir schuldig, und ich glaube, dass ich das verdient habe. Und genauso du auch: Du musst nichts dafür tun, du musst es dir nicht verdienen. Es steht dir zu! Jeder hat dieses Gefühl verdient. Jeder kann es haben. Denn dafür brauchst du nichts – außer dich selbst.

EMPATHY

Ich fühle mit dir –

und anderen

Von der Panik geleitet

Wenn ich versuche, mich an den wahrscheinlich schlimmsten Moment meines Lebens zu erinnern, dann höre ich nur einen Satz in mir: Ich kann da nicht raus! Während ich die Worte in mir höre, spüre ich dieses Gefühl, das ich nie zuvor so gefühlt habe. Noch nie war ich so überfordert, verwirrt und leblos. Es mag sich hart anhören, diese Sätze zu lesen. Noch mehr, für mich, sie zu schreiben. Denn wer mich kennt, weiß, dass ich als Mensch fröhlich, leicht und optimistisch bin. Das ist wohl für mich das schwierigste Kapitel.

Es war der 18. September 2021, kaum zu glauben, dass es weniger als ein Jahr her ist. Einige Monate zuvor hatte ich mich entschieden, ein Buch über mentale Gesundheit zu schreiben, ohne nur eine Ahnung davon zu haben, wie schlimm es mir in diesem Jahr wirklich gehen würde. An diesem Septembertag sollte ich bei der Verleihung der *Goldenen Henne* meinen Song *Genug* in Leipzig live performen. Eigentlich etwas, das zu meinem Alltag gehört. Auf Liveperformances freue ich mich eigentlich immer sehr! Doch an diesem Tag war alles anders als all die Jahre zuvor. Seit ich elf Jahre alt war, gab es nichts für mich, was mich mehr erfüllt hat, als auf der Bühne zu singen. Es gab keinen Platz, an dem ich mich sicherer fühlte als auf der Bühne. Presse, Roter Teppich und alles drumherum, für mich kein Grund zur Unruhe. Doch nach diesem Abend war ich kurz davor, das Mikrofon zur Seite zu legen und mich aus der Öffentlichkeit komplett zurückzuziehen.

Wenn es all den Support meines unglaublichen Teams, meiner liebevollen Familie, meiner unterstützenden Freundinnen und all der Menschen, die nächtelange Gespräche mit mir führten, morgendliche Sprachnotizen versendeten, Briefe an mich schrieben oder nur neben mir saßen und mich haben weinen lassen, nicht gegeben hätte, würde ich eventuell nicht hier sitzen und dieses Buch schreiben. Denn alles, was ich wollte, war, für mich sein, verarbeiten, was ich eventuell nie verarbeitet habe, und mich meiner Situation stellen. Das war für mich nur mit einem Rückzug aus der Öffentlichkeit möglich.

Nach diesem Abend war für mich nichts mehr, wie es je war. Nichts hat sich mehr angefühlt, wie ich es je kannte. Und nichts konnte mir dieses Gefühl in mir nehmen. Es war, als hätte sich der Teufel in meinen Körper geschlichen. Ich habe gegen mich selbst gekämpft und in keiner Runde das Gefühl gehabt, ich gewinne diesen Boxkampf. Es hat sich angefühlt, als würde ich einen Schlag nach dem anderen bekommen, bis ich am Boden lag und keine Kraft mehr hatte, zurückzuschlagen.

In dieser Nacht habe ich wahrscheinlich mehr gebetet als all die Jahre in meinem ganzen Leben zusammen. Was du gerade nicht siehst: Ich fange immer wieder neu an zu schreiben und muss zwischendrin unterbrechen, da ich Tränen in die Augen bekomme, sobald ich an mich und diesen Augenblick denke. Es ist der einzige Moment in meinem Leben, auf den ich zurückschaue und mir selbst leidtue. Ich würde so etwas nie sagen, nie! Viel zu groß ist mein Stolz. Mitleid ist das Letzte, das ich brauche. Eher erzähle ich niemandem, wie es mir geht. Hauptsache keiner merkt, dass ich gerade schwach bin.

Wenn ich an dieses Ereignis zurückdenke, möchte ich mich einfach nur selbst in den Arm nehmen, denn noch immer spüre ich Hoffnungslosigkeit in meinem zu dünnen Körper und meinem Herzen, das so sehr für die Musik und das Leben gepocht hat. Ein Herz, das in diesem Moment zerbrach. Nicht nur in zwei Hälften. Es fühlte sich an, als wäre es in tausend Teile zersprungen. Als wäre es nicht mehr da.

Ich war in diesem Moment wahrscheinlich die schwächste Version von mir, die es je gab, und im selben Moment der stärkste Mensch, der ich je war!

Ich war an einem Punkt, an dem ich keine Gefühle mehr wirklich fühlen noch definieren konnte. Alles, was ich wusste, war, dass ich mich krank fühlte, so, als hätte man mich geknebelt und gefesselt, sodass ich mich nicht mehr befreien konnte.

Ich hatte ein permanentes Gefühl der Angst in mir, als würde jede Sekunde etwas Schreckliches passieren. Es war nicht nur das absurdeste Gefühl, das ich je in meinem Leben gespürt habe, es war das beängstigendste und traurigste zugleich.

Ich wollte nichts mehr, ich konnte nichts mehr. **Es verging keine Sekunde, in der ich nicht dachte: Ich kann das nicht mehr, ich möchte das nicht mehr, ich kann das nicht mehr aushalten.** Ich habe permanent keine Luft mehr bekommen. Mich in diesem Zustand einem Millionenpublikum zu zeigen – das war für mich undenkbar! Die ganze Situation war unglaublich komplex. Bis heute ist es mir unerklärlich, wie ich diesen Auftritt überstanden habe.

Doch dieser Abend war nur der Peak, der sein musste, damit auch ich verstehe, dass Dinge so nicht mehr funktionieren konnten, wie ich sie jahrelang und vor allem die zwei Jahre davor durchgezogen habe. Manche Menschen müssen an ihre Grenzen gebracht werden, sie brauchen die harte Erfahrung, um zu lernen. Dieser Abend war die Grenze aller Grenzen.

Schon in den Tagen und Wochen (um ehrlich zu sein Monaten) davor, ging es mir nicht sehr gut. Ich habe gemerkt, dass sich meine Haltung veränderte. Ich ging jeder Art Konflikt aus dem Weg, wahrte Harmonie, obwohl mir Dinge missfielen. Die Veränderung fiel nur meinen engsten Mitmenschen auf. Und es war nicht zu leugnen, dass ich immer dünner wurde. Tatsächlich konnte ich nichts mehr richtig essen, und nicht, weil ich das wollte. Ich konnte einfach nichts mehr in meinen Körper bekommen. Kennst du dieses Gefühl, wenn du angespannt bist und denkst, wenn du jetzt etwas isst, musst du dich übergeben? Das habe ich monatelang gespürt.

Einen Tag, bevor ich zur Location fuhr, sprach ich mit meinem Life Coach. Ich sagte:»Ich muss etwas machen, was ich noch nie gemacht habe. Dass ich diesen Satz sage, ist für mich fast unglaublich, aber ich kann diese Performance nicht machen, ich kann es nicht.« Mein Life Coach antwortete:»Mandy, du weißt, dass ich immer nur dein Bestes möchte. Ich bin der Meinung, dass du diese Performance nicht absagen sollst, denn es wird die nächste Sache sein, die du aus deinem Leben streichst, und es wird dann noch schwieriger für dich, zurück auf die Bühne zu gehen – du kannst das, du wirst von deinem Gehirn gerade ausgetrickst, aber lass dir, was dir am wichtigsten ist, nicht nehmen. Tu das nicht für mich oder irgendeinen Menschen von deinem Label – tu es für dich.«

Und jetzt wirst du dich sicherlich fragen: Mandy, was genau meinst du, was war dieses Gefühl? Was hat dich fühlen lassen, als wärst du geknebelt, und was oder wer hat dir die Luft zum Atmen genommen? Die Antwort: Panikattacken!

Wenn du mich Jahre vorher gefragt hättest, ob ich schon einmal eine Panikattacke hatte, hätte ich vielleicht gesagt:»Mhmm, weiß ich nicht, fühlt sich das an, als wäre ich gestresst? Dann ja, das bin ich sehr oft.« Doch wenn du in deinem Leben einmal eine Panikattacke erlebt hast, kennst du den Unterschied ganz genau. Dieses Gefühl geht nicht so schnell aus deinem Körper. Du wünschst dir, dass du dich »nur gestresst« fühlst. Jeder, der einmal in diesem Gefühl war, wird dir versichern, dass du nicht nur eine unbeschreibliche, und das meine ich, wie ich es schreibe, eine permanente Angst spürst, für die es in dir drin keinen Grund gibt, was dich dazu verleitet, wirklich zu denken, dass du jeden Moment stirbst..

Mehr als je zuvor habe ich die Worte von meinem Life Coach ernst genommen. »Lass dir das nicht auch noch nehmen.« Was du noch nicht weißt: Meine Panikattacken haben, ohne dass ich es wirklich wusste, schon viel eher angefangen. Ich habe es nur nicht Panikattacken genannt. Ich dachte, ich wäre gestresst, doch wenn ich ganz ehrlich zu mir bin, wusste ich damals schon, dass es sich anders anfühlte.

An einem Sommertag 2018 hatte ich mich mit einer meiner engsten Freundinnen am Abend verabredet. Es war der Tag, bevor ich unsere deutsche Nationalhymne für die Formel 1 singen sollte. Ja, ich war nervös. Ein klein wenig. Ich wollte sie nicht versemmeln. Ich war also auf dem Weg, meine Freundin zu treffen, und stieg in meinen Fahrstuhl ein, wie jeden Tag. Doch an diesem Tag bin ich unten nicht mehr angekommen. Ich steckte fest, mehr als zwei Stunden. Du musst wissen, dass ich schon von klein auf Probleme mit Enge habe. Stecken zu bleiben war für mich all die Jahre in meiner Vorstellung das Schlimmste. Ich lenkte mich mit meinem Handy ab, während ich auf den Sicherheitsdienst wartete, und etwa eine Stunde später hatte ich das Gefühl, keine Luft mehr zu bekommen. Ich hyperventilierte, mein Herz schlug schneller, und ich bekam die erste Panikattacke in meinem Leben. Meine Freundin versuchte, mich währenddessen ununterbrochen zu erreichen, ich würde nie nicht kommen, ohne abzusagen. Zum Glück war ich verabredet. Sie versuchte, alle Leute in meinem Umfeld zu erreichen, und sagte: »Mandy hat nicht abgesagt, und ihr Handy ist aus, und das seit zwei Stunden. Das ist nicht ihr Stil, irgendwas stimmt nicht.«

Nach mehr als zwei Stunden war ich draußen. Ich war ziemlich erschöpft. Ich hatte dieses Gefühl zuvor noch nie gespürt. Um ehrlich zu sein, wollte ich nicht weiter ein großes Ding draus machen. Ich entschied mich, ab sofort die Treppen zu laufen.

Doch dann reagierte ich immer häufiger in Momenten nicht mehr so, wie ich es von mir selbst kannte. Im Flugzeug, in der Bahn, in Hotelzimmern und selbst im Restaurant. Ab einem gewissen Punkt hatte ich immer das Gefühl, dass es irgendwie zu eng war. Ich konnte das nicht wirklich deuten und dachte, es wäre etwas, das nur mir allein passierte.

Meine Therapeutin meinte einmal zu mir: »Frau Capristo, Sie können einem ganz gut das Gefühl vermitteln, dass es ihnen gut geht, selbst ich könnte Ihnen das voll und ganz abnehmen.« Genau das ist wohl Teil meines Problems, so zu tun, als wäre alles in Ordnung, obwohl es das nicht ist. Das macht man, wenn man im Überlebensmodus ist. Ich spürte, dass etwas anders war, aber den Menschen um mich herum fiel es gar nicht auf. Doch ich war längst über den normalen Gesundheitszustand hinaus, denn schließlich war ich viele Male über meine Grenzen gegangen von Müdigkeit, Bedürfnis nach Ruhe und dem Wunsch, auch mal allein zu sein.

In der Zeit vor diesem Live-TV-Auftritt häuften sich aber meine Panikattacken, und ich konnte sie nicht mehr vor meinem Umfeld verstecken. Ich verhielt mich ruhiger als sonst, lachte weniger und wollte mich nur noch mit meiner Familie und meinen engsten Freundinnen umgeben. Große Veranstaltungen wollte ich umgehen, ich nahm weniger Jobs an, Gespräche, ob privat oder beruflich, hielt ich kurz. Doch eine Sache, die allen auffiel, war, dass nicht nur mein Lachen weg war, ich sprach nicht mehr von der Musik. Wenn man mich darauf aufmerksam machte, lenkte ich das Gespräch in eine andere Richtung. Für mich war die Musik immer wie meine erste große Liebe! Sicherlich kennst du das Gefühl, wenn du zu einer Person, die du zwar noch liebst, keine Verbindung mehr hast, sie dir fremd vorkommt, obwohl ihr euch schon so lange kennt. Vielleicht ist zu viel vorgefallen, dass du nicht mehr so pur lieben kannst wie davor, zu viel Streit, zu viel Diskussion, und alles, was du brauchst, ist Zeit für dich. So habe ich mich gefühlt. Also spielte ich immer mehr mit dem Gedanken, mit der Musik aufzuhören. Mein Umfeld nahm das ernst, und so schlief ich tagtäglich damit ein, mich damit anzufreunden, mich eventuell von der »Liebe meines Lebens« zu trennen.

Doch ich hatte Verträge zu erfüllen. Und auch wenn ich mich nicht mehr imstande fühlte, zu performen, wusste ich, dass ich diese Performance nicht absagen konnte, außerdem war mir klar, dass sich noch mehr in meinem Leben verändern würde, wenn ich auch noch die Bühne in die Box »Dann mache ich das eben auch einfach nicht mehr« stecke. An diesem Septembertag, als ich die ersten Sprachmemos versendete, hörte sich meine Stimme anders an. Als ich am Abend dann im Auto saß und zur Performance fuhr, piepte mein Handy ununterbrochen, ich erhielt laufend ermutigende Nachrichten von meinen Liebsten. »Wir sind alle bei dir« – und doch fühlte ich mich so allein. Mit diesem Gefühl in mir.

Ich versuchte, meine Tränen für mich zu behalten, doch sie liefen über meine Wangen. Als wollten sie gesehen werden. Mein Make-up verschmierte, meine Make-up-Artistin kam nicht mehr nach. Dieses Gefühl der Angst war dauerhaft und hatte sich fest in meinem Körper etabliert.

Als wir dann vor den roten Teppich rollten, hielt ich die Luft an. 3, 2, 1, go! Die Tür wurde von außen geöffnet, es gab kein Zurück mehr, mein Körper stieg aus, mein Inneres war überfordert. Meine langjährige Agentin, die mich ja im Auto erlebt hatte, sagte später den Tränen nahe zu mir: »Ich weiß nicht, wie du das gemacht hast.« Um ehrlich zu sein, kann ich es mir selbst nicht erklären. In dem Moment war ich dankbar, dass ich meinen Robotermodus den »Smile it away«-Knopf gedrückt hatte. Ich dachte mir: Nur noch heute Abend, dann ist alles vorbei.

Ich trug ein für mich sehr gewagtes, sehr offenherziges schwarzes Designer-Kleid aus Paris, welches wir Wochen davor ausgesucht hatten. Keiner wusste, dass es mir an dem Abend so gehen würde. Doch ich merkte schon beim Anziehen, dass ich mich eigentlich lieber in einen Hoodie stecken wollte. Wenn du verletzlich bist, willst du dich verstecken. Mir war eher danach, ganz warm eingepackt auf der Couch zu liegen und eine Laugenbrezel mit Nutella zu essen, die mir meine Mama an schlechten Tagen immer schmiert, und einfach zu atmen. Alles fiel mir so schwer, als ich ins Blitzlichtgewitter schaute.

Jedes Geräusch war zu viel. Das Rufen der Menge, die Blicke, die Linsen der Kameras, die mich heranzoomten. Alles fühlte sich wie ein Übergriff auf meine Seele an. Plötzlich war alles so »nah«. Ich dachte mir, jeder wird sehen, dass irgendwas nicht mit mir stimmt. Als ich aber über den roten Teppich ging, war genau das Gegenteil der Fall. Sie riefen mir begeistert zu: »Du siehst toll aus Mandy! Besser denn je!« Und ich dachte nur: Lauf, Mandy ... lauf.

Eine Interviewerin fragte: »Mandy wow – und du hast den Lockdown genutzt, um Sport zu machen, hot – was ist dein Geheimnis?« Ich konnte nicht lügen und sagte nur: »Um ehrlich zu sein, war ich die letzten Wochen einfach nur sehr, sehr gestresst.« Ich lachte und ging weg.

Ich konnte gar nicht glauben, dass niemand sah, wie ich innerlich wankte. Ich war blass und knochig, nicht sexy. Ich war irritiert – wird das mit vital assoziiert? Am nächsten Tag sollten überall im Internet Bilder von mir herumschwirren, und es stand dort ungefragt, ich sei glücklicher denn je. Die Kluft zwischen diesen Zeilen und der Realität hätte nicht größer sein können. Wie es mir wirklich ging? *You have no idea!*

In der Maske backstage ließ ich mich dann völlig erledigt in den Sessel fallen und zog als Erstes meine Schuhe aus. Ich schaute im Spiegel in fremde Augen und hatte das Gefühl, diese Person vor mir gar nicht zu kennen. Doch ich war so erleichtert, den ersten Teil überstanden zu haben. Aber die Tränen kamen immer wieder, und die Maskenbildnerin versuchte, dagegen »anzuschminken«. Ich hatte innerlich eine so enorme Panik. Mein Körper streikte, ich konnte nicht. Es ist und war ein so merkwürdiges Gefühl, wenn du dich selbst nicht erkennst und diese unglaubliche Traurigkeit in dir gar nicht greifen kannst. Du fragst dich: Warum? Was ist denn los? Es hat doch sonst immer geklappt! Was ist passiert?

Ich weiß nicht, wie ich dorthin gekommen war. Ich hatte meine allerletzte Kraft aufgebraucht. »Ich liebe dich, mein Schatz – wir sind alle ganz stolz auf dich« poppte auf meinem Handy auf. Von Mama. Im Familienchat waren überall Herzen. In mir drinnen kam ich mir vor wie ein Loser. Ich denke, die Überforderung hat mir mein grundsätzliches Gefühl zu mir genommen. Eine Sache, die mir immer sehr wichtig ist: Ich möchte nicht, dass sich jemand Sorgen um mich macht.

Und wie das beim Fernsehen so ist, wird man einen kurzen Moment vor der Performance auf die Bühne gebeten und hinter den Vorhang gestellt. In diesem Fall gab es keinen Vorhang, und ich wurde nicht ein paar Sekunden vorher reingeholt, sondern Minuten vorher. Ich stand also auf der Bühne, und das ganze Publikum konnte mich schon sehen, bis Kai Pflaume meine Performance ankündigte. Es waren endlose Minuten, in denen ich mit Schwindel und Verschwommenheit kämpfte. Ich betete, dass ich noch stehen würde, wenn es losging. Zum ersten Mal in meinem Leben war ich froh, dass der Song playback war. Sonst möchte ich immer live singen, und nun fieberte ich, dass ich überhaupt den Songtext stumm über die Lippen bekommen würde. In Dauerschleife spulte ich die Song-Zeilen in mir ab: »Egal, was sie sagen, ich steh zu dir. Und schwierige Tage sind leicht mit mir. Egal, was sie sagen, ich steh zu dir ... « All das, während ich meine Füße kaum spürte, sie mir so gut wie keinen Halt gaben. Sie zitterten wie bei meinem allerersten Casting. Ich hatte weder meinen Körper noch meine Gedanken im Griff. Ich hörte wie durch einen Nebel Kai Pflaume, der betonte, dass ich mit meinem Song andere ermutigen möchte, sich genug zu fühlen. Und dann stand ich da, habe mich alles gefühlt nur nicht ... genug. Nicht bei mir.

Als ich dann das »3, 2, 1, go« hörte und mich zum Mikrofonständer bewegte, war ich überzeugt davon, dass es nun eine Premiere im deutschen Fernsehen von mir geben würde: Mandy Capristo bricht live auf der Bühne zusammen. Noch halb im Scherz hatte ich am Abend vorher zu meiner Mutter gesagt: »Wenn ich umfalle, bleibe ich einfach liegen.« Ich versuchte, meine Anspannung mit Humor zu nehmen, das mache ich gern, vor allem wenn es mir sehr schlecht geht. Es verging nicht eine Sekunde, in der ich nicht dachte, dass ich gleich das Gleichgewicht verliere. Irgendwie bewegten sich meine Lippen, mein Körper war wie eine Marionette, dann ging das Lied zu Ende, ich bedankte mich noch kurz, ich war erlöst. Ich lief die Bühne runter und sagte zu meiner Agentin: »Ich brauche einen Break!« Wie ich den Song in diesem Zustand performt habe? Ich weiß es nicht! Wie die Performance war? Ich weiß es nicht! Ich habe sie nie gesehen.

Bis hierher und nicht weiter

»Sehr schöne Performance« hörte ich noch backstage vom Team. Ich
lächelte nur, sagte »Vielen, vielen Dank«, schnappte nach Luft und saß
schneller im Auto, als ich denken konnte.

Ich fuhr direkt weiter, weil ich einen Sechs-Uhr-Flug am Morgen nach
Italien hatte. Es war Mitternacht, das hieß, ich hatte vier Stunden bis nach
Frankfurt am Main und eigentlich sollte ich genau dann schon wieder
zum Flughafen. Ich saß im Auto, lehnte mich nach hinten, schloss meine
Augen und sagte zu mir: »Ab heute werde ich alles absagen, irgendetwas
stimmt nicht mit mir.« Ich kommunizierte das noch in dieser Nacht, was
das erste Mal für mich war und untypisch für mich, deswegen nahmen es
auch alle sofort sehr ernst.

Während ich versuchte, Ruhe zu spüren, fingen meine Gedanken an:
Was war das? Was war in meinem Leben passiert?
Ich spulte den Film meines Lebens immer wieder
ab, stoppte an verschiedenen Stellen und versuchte,
den Grund zu finden. Das hätte mir geholfen, mich besser zu
verstehen. Erst einmal dachte ich aber nur: Okay, das war es! Bis hierhin und nicht weiter – dann ist meine Karriere eben heute zu Ende!
Dann muss ich mich damit anfreunden. Ich entscheide mich für meine
Gesundheit!

Ich hatte Hunderte Anrufe auf dem Handy, konnte sie aber nicht
beantworten. Ich saß im Auto auf der Autobahn auf dem Weg nach
Hause und war erleichtert, dass ich nicht zusammengebrochen war. Und
ich war fassungslos: Es hat (fast) niemand gemerkt! Nur die Menschen
aus meinem engen Umfeld sagten mir später: »Mandy, wir haben es dir
angesehen. Das warst nicht du!«

Du weißt nie, wie es jemandem wirklich geht

Diese Situation hat mein Leben verändert. Und meine Augen geöffnet für alles, was nach diesem Moment kam und kommen wird! Meine Gefühle zu mir selbst, aber auch mein Blick auf die Gefühle anderer Menschen. **Das Wort Empathie hat nicht nur einen viel tieferen Sinn bekommen, die Bedeutung dieses Wortes wurde zu einem meiner wichtigsten Werte.** Auch wenn ich diesen Satz schon vor dieser Erfahrung immer wieder verinnerlichte, hängt mir diese Erfahrung so sehr in den Knochen, dass ich uns alle noch einmal daran erinnern möchte, dass wir niemals wissen, was in einem Menschen wirklich vorgeht. Wie es einem Menschen wirklich geht – niemals!

Auch wenn wir feine Antennen und ein Gespür für andere haben und fühlen können, wenn es einem Menschen nicht gut geht, Traurigkeit in den Augen sehen und die Erschöpfung in der Stimme und der Körperhaltung spüren – wir kennen nie das ganze Bild! Nie die ganze Geschichte; alle Emotionen, die gefühlt werden; alle Erlebnisse und Erfahrungen; Traumata, die einen Menschen geformt haben und die sein Verhalten prägen. Keiner kennt deinen Weg, keiner kennt deine Träume. Deine gescheiterten Träume. Keiner kennt deine Visionen, deine Sorgen, deine Hürden, deinen Schmerz. Wie sehr du dir schon deine Hände schmutzig gemacht hast, wie viele Schläge du schon einstecken und neue Türen für dein Leben öffnen musstest, um einen neuen Weg zu gehen. Niemand außer dir kennt hinter dem Lächeln, das du der Welt schenkst, all die Tränen, die geflossen oder vielleicht versteckt sind.

Wenn wir also ein Foto, eine Momentaufnahme, von jemandem sehen, dann wissen wir nicht, wer der Mensch dahinter ist und mit welchen Gedanken er nachts einschläft.

»Be kind«, immer! Es mag sich schon fast zu schlicht anhören, aber manchmal kannst du einem Menschen mit einem netten Spruch, einem Kompliment oder nur einem Lächeln etwas geben, was er in dem Moment braucht, was er vielleicht aber nie sagen würde.

Wir erinnern uns an das Bild, als Britney Spears sich die Haare abrasierte. Wir alle haben versucht, zu analysieren, was da passiert war. Keiner hatte nur einen blassen Schimmer, was diesem puren Menschen hinter verschlossenen Türen angetan wurde. Wir bekommen oftmals nur ein Prozent des wirklichen Lebens anderer mit.

»Behandle deine Mitmenschen, wie du selbst gern behandelt werden möchtest« ist einer meiner Lebenssätze. Es ist so wichtig, das Bewerten anderer zu lassen, Ratschläge zu verteilen, zu verurteilen und über andere zu reden, denn das wünschen wir uns für uns selbst auch nicht. Wenn wir die ganze Geschichte kennen, bekommen wir ein Gefühl für die ganze Situation und dann auch Mitgefühl!

Heute erinnere ich mich an einen Zeitungsartikel. Ich las damals, dass Selena Gomez ihre Europa-Tour aufgrund von Panikattacken und Depressionen absagen musste. Damals konnte ich das nicht nachvollziehen. Es war so weit weg von mir. Ich hatte kein Gefühl dafür, dass sich etwas so intensiv anfühlen kann und man deswegen eine so große Tour absagt. Es ist, wie es auch in all den Büchern steht: Man muss es erst selbst erleben, damit man wirklich mitreden und mitfühlen kann. Heute möchte ich sie gern in den Arm nehmen und sagen: »Genau richtig gemacht, Selena.« Und auch das Zurückziehen aus der Öffentlichkeit kann ich mehr nachvollziehen als je zuvor. Denn wir alle haben unsere Probleme, unser Päckchen zu tragen, egal, wie schön es verpackt ist. Und manchmal möchte man dieses Päckchen gern allein auspacken und sich mit dem Inhalt auseinandersetzen. Manchmal kann ein

Moment Ruhe Großes bewirken. Du musst ihn dir bloß erlauben. Denn nur in der Stille kann sich der Stress abbauen.

Wenn man Selbstmitgefühl spürt und sich und die eigenen Bedürfnisse liebevoll wertschätzt, öffnet sich bestenfalls die Perspektive auf die ganze Welt, auf verschiedene Kulturen und Menschen in unterschiedlichen Lebenslagen. Es ist unmöglich, alles und alle zu verstehen. Aber es ist möglich, Mitgefühl zu haben, wenn man den Menschen zuhört und ihnen glaubt, wenn sie sagen: Es geht nicht mehr!

Das bedeutet auch, sich selbst zuzuhören, selbst wenn die innere Stimme immer leiser wird. Sich zu respektieren und auch die eigenen Grenzen. Diese nicht als Schwäche zu deuten, sondern als Wegweiser. Alles fängt bei dir selbst an. Empathie muss und darf an erster Stelle bei dir starten. Und manchmal bringen dich diese Momente auf neue Wege. Wenn du denkst, du hast vielleicht alles verloren, ändert sich die Route und bringt dich auf einen Weg, den du so vielleicht nie eingeschlagen hättest. Einen Weg, der dich an einen Ort bringt, an dem du deine Zufriedenheit findest.

Nach jenem Abend wusste ich, meine Grenze war erreicht. Um den nächsten, wichtigen Schritt in meinem Leben zu machen, hieß es erst einmal, einen Schritt zurückzugehen. Für mich. Für meine Gesundheit.

Eigentlich war es keine Überraschung, dass dieser Moment kam. Denn zu oft hatte ich ignoriert, was ich innerlich bereits gefühlt hatte. Und umso weniger ich auf mein Bauchgefühl gehört habe, umso mehr hat mich mein Gefühl verlassen. Mein Gleichgewicht ist ins Schwanken geraten, und irgendwann hat sich mein Körper bemerkbar gemacht. Heute verstehe ich das. Das Angstgefühl fing klein an und wurde immer intensiver, immer lauter. Mein Bedürfnis nach Rückzug immer größer.

Manchmal kommen wir in Situationen, die zu Beginn eigentlich ganz anders gedacht waren. Manchmal entwickeln sich Dinge in Richtungen, die wir einst gar nicht einschlagen wollten, und plötzlich befinden wir uns in einem Moment, in dem wir denken: Wie bin ich denn jetzt in eine solche Situation gekommen? Das hatte ich doch so gar nicht vor. Ich hatte doch einen ganz anderen Plan für mich! Ich habe berufliche Kämpfe geführt, die viel mit meiner Identität als Künstlerin zu tun hatten, und dementsprechend auch mit mir als privater Mandy. Es ist schwer, das zu separieren. Ich hatte das Gefühl, dass sich Dinge aus meiner Jugend wiederholen, was ich mit meinem heutigen Wissen, der Erfahrung und auch der Vision für mich als Frau und Künstlerin nicht mehr vereinbaren konnte.

Ich habe mich immer mehr in Diskussionen wiedergefunden, in denen ich andere Ansichten von Musik, Menschsein, Künstlerinsein als meine Gesprächspartner hatte. Ich bin sehr klar damit, wer ich als Mensch bin, wer ich sein möchte und wohin meine Reise gehen soll. Ich kenne meine Schwächen und meine Stärken. Doch ich befand mich nicht nur in endlosen, nächtelangen Diskussionen, die nie an ein Ziel führten. Meine Schwächen wurden immer präsenter in meinem Kopf. Mein Selbstbewusstsein immer kleiner. Ich habe mir eingeredet, nicht gut genug, nicht schön genug zu sein. Nicht talentiert genug. Das alles hat sich falsch angefühlt. Wenn ich das so schreibe, zieht es in meinem Herzen.

Mir wird bewusst, wie unfassbar der Druck auf mir lastete und dies auch immer noch tut. Ich kann nur jetzt besser damit umgehen. Die Gespräche innerhalb meines damaligen Teams wurden manipulativer, und meine Vision für mich verschwand immer mehr. Auf allen Ebenen fehlte Empathie. Angefangen bei mir selbst. Ich war so müde von all diesen Diskussionen, dass ich immer schwächer wurde. Ich fühlte mich nicht mehr gesehen, gehört und verstanden. Ich wusste innerlich: Das ist nicht mein Platz, ich muss hier weg, ich befinde mich nicht in der richtigen Konstellation. An einem Ort, an dem man sich nicht wohlfühlt, kann man keine Musik produzieren, die aus dem Herzen kommt. Wie soll das gehen, wenn man kein Gefühl mehr für sich selbst hat?

Die Pandemie hatte auch etwas mit mir gemacht, wie bei so vielen Menschen. Meine gesundheitliche Lage verschlimmerte sich. Unsicherheiten, Änderungen und Absagen – das alles verstärkte meine Ängste und das Gefühl, die Kontrolle noch mehr verloren zu haben. Ein großer Kampf für mich als kontrollierter Mensch. Durch die Pandemie hatte ich zwar plötzlich viel Ruhe, was für mich aber eher irritierend war. Meine Panikattacken wurden immer stärker. In mir hatte sich etwas entwickelt, was ich so nie kannte. Eine enorme Einsamkeit, die ich nun spüren konnte. Ich habe ein großartiges Umfeld, das mir viel Liebe schenkt, und doch habe ich mich wie ein Alien gefühlt. **Als ich dann aufhörte zu funktionieren, um wieder alles zu fühlen, war mein Gefühl für mich selbst weg.**

Die ersten Schritte in meine neue Richtung

Für mich war wichtig, dass nun der Zeitpunkt gekommen war, mir selbst gegenüber so viel Mitgefühl wie möglich aufzubringen und für die Bewältigung der unerklärten Ängste eine professionelle Unterstützung zu suchen. An einem bestimmten Punkt reichten meine eigenen Recherchen, mein Wissen aus den Büchern, Online-Meditationen und alle hilfreichen Tipps aus dem Life Coaching nicht mehr aus, und auch eine liebevolle

Familie und ein toller Freundeskreis können nicht mehr viel tun, als einfach da zu sein. Manchmal reicht auch Liebe nicht mehr!

Auch wenn sich meine Gedanken teilweise hoffnungslos angefühlt haben, hat mich mein »Glas-halb-voll-Denken« durch den Tag gebracht. Ich glaube, dass es im Leben nichts Wertvolleres und Wichtigeres gibt als die Hoffnung! Und diese nie zu verlieren. Egal, wo du gerade in deinem Leben stehst, ob du von Ängsten geplagt bist, dein Herz gebrochen ist oder du den Sinn deiner aktuellen Lage nicht verstehst: Lass dir nie deine Hoffnung nehmen, weiterzumachen und für das zu kämpfen, was du dir von ganzem Herzen wünschst.

Meine Therapeutin gab mir einmal ein Bild, das ich sehr mochte und das mir sehr geholfen hat. Sie sagte: »Du musst dir dein Leben wie einen Himmel vorstellen. Die Panikattacken sind die Wolken, die irgendwann vergehen. Wenn sie dann weg sind, dann ist da wieder dein Leben – welches im Hintergrund immer da war! Du musst nicht hoffen, dass irgendwann ein blauer Himmel da sein wird. Er ist schon da. Immer da gewesen. Warte einfach, bis die Wolken vorbeiziehen.«

Momente vergehen. Das musste ich mir auch jeden Morgen und jeden Abend sagen. Du wirst nicht immer da sein, wo du gerade bist, aber nimm das, was du für dich nicht möchtest, in deine eigene Hand, und ändere es. Manchmal ist das nicht so einfach. Nicht alles kann man direkt ändern, aber man kann immer einen Schritt in eine neue Richtung gehen und versuchen, die emotionale Lage zu ändern. Ich weiß, wie sich das anfühlt. Manchmal ist der Ort, an dem man ist, sehr dunkel, und man findet den Lichtschalter nicht. Vielleicht braucht dieser Weg auch länger, als deine Geduld es eigentlich möchte. Und manchmal versteht man auch die Dinge, die einem passieren, in diesem Moment nicht, und man fühlt sich einsam damit. Aber versprich mir, dass du dich auf den Weg machst, um diesem dunklen Ort zu entfliehen. Versprich mir bitte, dass du dir diesen Moment immer wieder in Gedanken vorstellst, wo du am Ende sein möchtest und wie du dich fühlst, wenn dort angekommen bist. **Ich verspreche dir, dass auch für dich der Moment kommt, wenn das Licht wieder angeht.**

Ich war an einem Punkt, an dem ich alles gemacht hätte, nur um nicht mehr das zu fühlen, was ich fühlte. Ich hatte nicht nur dieses enorm angestrengte Gefühl in meinem Kopf und meinem Körper, ich hatte neben der Anspannung und Erschöpfung das Gefühl, als wäre mein Kopf einbetoniert. Ich fühlte mich so unglaublich taub. Wenn man mit viel Emotionen durchs Leben geht und plötzlich nichts mehr fühlt, ist es schwer, sich jeden Tag daran zu erinnern, dass auch dieser Moment vergehen wird. Doch ich will diese Situation als Wake-up-Call für mich sehen und mir versprechen, für mich da zu sein! Das müssen wir alle!

Ich hatte mir gegenüber ein schlechtes Gewissen, weil ich mich so lange selbst ignoriert und damit auch im Stich gelassen hatte. Dass ich so viel anderes über meine Gefühle gestellt hatte und es einfach untergegangen war, mich zu fühlen und für mich einzustehen. Ich war bereit, viel zu tun, um das zu ändern. Ich wusste, dass ich mich mit einem Experten treffen möchte, um über meine mentale Gesundheit und mich zu lernen. Für mich war klar, dass ich diese Situation nicht einfach so hinnehmen und warten konnte, dass ich mich besser fühlte. Ich wollte so schnell wie möglich wieder aus diesem Zustand raus. Ich wollte verstehen, was genau in meinem Kopf passiert war.

Was ich noch nicht mit dir geteilt habe, ist, dass ich eigentlich ein sehr furchtloser Mensch war. Ich hatte vor so gut wie nichts wirklich Angst. Ich habe diese grundlegende Angst, dass den Menschen, die ich liebe, etwas passiert. Aber Angst vor dem Leben hatte ich dankbarerweise nie. Wenn etwas nicht geklappt hat, habe ich mir neue Wege überlegt, wenn etwas kaputt gegangen ist, habe ich versucht, es wieder zu reparieren. Ich hatte eher Respekt vor großen Momenten, ein wenig Ehrfurcht, aber das Wort Angst war nicht in meinem Wortschatz gespeichert. Und dann benutzte ich es plötzlich in jedem Kontext.

Was ich heute weiß, ist, dass es essenziell ist, welche Wörter wir grundsätzlich wählen, wie wir kommunizieren und wie wir uns Situationen gedanklich vorstellen. Umso mehr wir ein Wort erwähnen, umso mehr kommt dieses Wort und Gefühl dazu auch in unser Leben. Sowohl negativ als auch positiv. **Wähle deine Worte bewusst, um dir dein eigenes Gefühl dazu zu kreieren.**

Der für mich nicht so »goldene Moment« bei der *Goldenen Henne* hatte mich emotional sehr mitgenommen. Schon Tage davor habe ich meine Research betrieben, um die richtige Therapeutin für mich zu finden. Für mich war es wichtig, eine Expertin zu finden, die auf Angststörungen spezialisiert ist. Ich recherchierte, googelte, las mir alle möglichen Bewertungen durch, um eine passende Verhaltenstherapeutin zu finden. Die geeignete Person wurde mir dann von meiner Hausärztin empfohlen. Ich musste sechs Wochen auf einen Termin warten, was normal ist, denn es gibt sehr viele Menschen, die Unterstützung suchen. Und ich war nicht der akuteste Fall. Sechs Wochen können sich in einer solchen Zeit wie sechs Monate anfühlen. Ich zählte die Tage bis zu diesem Datum, und bis dahin tat ich alles, was allein in meiner Macht stand. Ich machte Sport, stoppte Zucker, reduzierte Kaffee sowie schwarzen Tee, und ich bestellte mir mindestens drei neue Bücher bezüglich meines Lebensthemas in der Woche. Ich fing an, wieder mehr in die Natur zu gehen. In solchen nervösen Momenten konnte ich nicht meditieren, da es sich anfühlte, als wäre ich mit meinen Emotionen in einem Raum eingeschlossen, wodurch meine Panik noch größer wurde. Deswegen konzentrierte ich mich auf Ablenkung und Ruhe zu gleich. **In dieser Zeit legte ich meinen kompletten Fokus nur noch auf Dinge, die meiner Seele, meinem Körper und meinem Herz guttaten, und seit diesem Moment befolge ich dieses Mantra.** Das musste ich erst wieder lernen und damit auch konsequent sein.

Ich habe mir sehr lange nicht mehr erlaubt, Dinge zu tun, die mir einfach nur guttun. Ich war so unter Druck und Stress, in meinem Job präsent zu sein. Selten bin ich mit meinen Freundinnen ausgegangen. Ab und an gönnte ich mir mal einen Nachmittag auf der Couch, aber meistens war ich im Arbeitsmodus. Eigentlich kein Wunder, dass mein Körper irgendwann überfordert war: diese vielen Ortswechsel, immer am Telefon zu sein, immer das Beste geben zu wollen. Ständig das Gefühl zu haben: Wenn ich nachlasse, bricht das Kartenhaus zusammen. Es ist wichtig, dass wir uns diese Momente für uns nehmen, um herauszufinden, was wir wirklich brauchen und was uns einfach nur guttut. Das solltest auch du nie vergessen.

Über das schöne Gefühl, wenn jemand zuhört

Ich werde die erste Sitzung bei meiner Therapeutin nie vergessen, und heute schmunzeln wir beide darüber. Ich trat in den Raum, fest entschlossen, wieder die alte Mandy zu werden. Das war mein Ziel! Wie schon gesagt, ich war bereit, alles dafür zu tun. Und deswegen betonte ich das auch gleich zu Beginn. Sie stellte mir die erste Frage: »Frau Capristo, warum sind Sie hier?« Ich erzählte ihr von meiner Situation, meinem Zustand und meinem Gefühl. Doch am wichtigsten für mich in diesem Moment war mir, ihr diese eine Frage zu stellen. »Ich möchte wieder die alte Mandy sein. Die werde ich doch wieder, oder?« Für einen kurzen Moment war es still, dann lehnte sie sich nach vorn, guckte mir entschlossen in die Augen und sagte ganz klar: »Nein, Frau Capristo!« Mir lief es eiskalt den Rücken hinunter. Ich dachte für diese paar Sekunden, ich werde für immer mit diesen Gefühlen leben müssen. Doch dann fügte sie hinzu: »Sie werden eine bessere Version von sich. Und dafür können Sie dankbar sein.« Puh ... Ich hatte Tränen in den Augen und sagte zu ihr »Ich verstehe« – und atmete erleichtert auf.

Darüber hatte ich nie nachgedacht, aber das macht natürlich Sinn und lässt meinen Blick auf die Situation zu einem anderen werden. Eine Krise ist auch eine Chance zu wachsen. Die alte Mandy zu werden würde gar nichts bringen. Ich musste ja nicht nur die Ängste überwinden, sondern wirklich etwas verändern. Für immer.

Wir sahen uns einmal pro Woche zum Gespräch, meistens über Zoom, da ich so viel unterwegs war. Den Termin ließ ich und lasse ich nie ausfallen, er war und ist mir zu wichtig. In der Therapie verstand ich nun endlich Schritt für Schritt, was mit mir passiert war. Ich nahm die außer Kontrolle geratene Situation an und machte sie wieder zu meiner. Ich übernahm wieder das Steuer in meinem Leben und auch die Verantwortung. Das half mir so sehr, um meine Basis neu aufzubauen.

Früher hatte ich immer Respekt und auch Angst vor der Konsequenz. Die hatte ich nun nicht mehr. **Denn die Angst, dass meine Ängste nicht aufhören, war so viel größer. Ich war bereit, alles zu tun.** Und das ist am Anfang erst einmal nicht wenig. Da bist du eine Weile beschäftigt. Und wir sprechen von einer Therapie, die gerade erst angefangen hat.

Ich schaute mit einer neutralen Expertin auf mein Leben und fragte neugierig: Was ist denn da los? Dabei war ich radikal ehrlich zu mir selbst.

Ich kenne mich nicht als einen wertenden Menschen, wenn es um andere geht, aber ich bin unglaublich streng mit mir selbst. Ich musste lernen, mich selbst nicht ständig kritisch zu sehen und hart zu mir zu sein, sondern mit mir wie mit meiner besten Freundin umzugehen. Das hat enorm geholfen, und nun bin ich sehr dankbar, denn: **Als mein Glück einen Schatten bekam, begann die Empathie für mich selbst.**

Als ersten Schritt habe ich ganz anders mit mir gesprochen. Ich habe beobachtet, wie mein innerer Dialog im Alltag ist, und musste erschrocken feststellen, dass ich niemals mit einer Freundin auf diese Art reden würde. Ich merkte, dass ich mich selbst immer pushte und nie lobte. Dass ich mir selbst einredete, ich könne doch eigentlich alles noch schneller und besser machen. Am besten sofort. Als ich das endlich ein wenig stoppte und liebevoller mit mir selbst sprach, nahm auch das Druckgefühl langsam ab, weil ich nicht mehr so streng mit mir war. Ich fing an, so zart, wie ich mit den Menschen umgehe, die ich liebe, mit mir selbst umzugehen. Das war schön und hat mich gut fühlen lassen. Anders.

Ich redete mir immer ein: Beschwer dich nicht, es ist nicht so schlimm! Ich setzte meine Probleme in Relation zu allen anderen der Welt und stellte dann fest: Ich darf mich nicht beklagen und sollte lieber zufrieden sein. Es gibt Menschen, denen es schlechter geht. Das war fatal. Ich habe bei jeder Gefühlslage und Situation immer wieder neu beurteilt: Geht es mir nun schlecht genug, dass ich mich schlecht fühlen darf?

Meine Therapeutin erinnerte mich oft daran, mein Leben nicht zu vergleichen. Ich habe anfangs zu ihr gesagt: »Sie haben sicherlich mit schlimmeren Problemen zu tun. Da möchte ich mich nicht beschweren.« Meine Therapeutin bat mich dann freundlich und bestimmt, aus dieser Haltung auszusteigen. Sie machte mir deutlich, dass meine Gefühle eine

Ursache und eine Berechtigung haben, bei jedem Menschen. Und dass all die Dinge, die mir passiert waren, gar nicht so einfach wegzustecken waren, wie ich es immer tat. Sie malte mir auf, wie anders mein Leben im Vergleich zu anderen Menschen verlaufen ist und wie früh ich schon Momente erlebt hatte, die für mich normal waren, aber die auch etwas mit einem jungen Menschen machen. Sie sprach sehr, sehr liebevoll mit mir und erinnerte mich nach all den Dingen, die ich erzählte, daran, dass ich stolz auf mich sein könne. Sie sagte: »Das haben Sie genial gemeistert!« So habe ich nie mit mir gesprochen. Ich saß mit Tränen in den Augen vor ihr und sagte nur: »Danke!« Für mich ist stolz auf mich zu sein ein schwieriges Gefühl. Ich sagte: »Mhm, ich darf stolz auf mich sein, auch wenn Dinge nicht so funktionierten, wie ich mir das wünschte?« Sie lachte und meinte: »JA! Sogar sehr, denn der Weg ist das Ziel, und Sie haben alles gegeben, was Sie konnten – und das allein darf Sie stolz machen.«

In unserer Gesellschaft wird oft nur für den Gewinner oder die Gewinnerin applaudiert, aber was ist mit denen, die auch schnell gelaufen sind? Eigentlich hätte ich nur das selbst schon alles zu mir sagen müssen: »Mandy, du hast dein Bestes gegeben, und das war immer gut genug!« Ich musste das aber tatsächlich erst einmal richtig lernen.

Ich muss gestehen, es hat mir außerdem gutgetan, dass jemand Außenstehendes zu Situationen gesagt hat: »Das ist schlimm! Und es tut weh, wenn so etwas passiert.« Dann fühle ich mich nicht zu sensibel oder zu empfindlich. Im Gegenteil. Dann erkenne ich, dass Verletzlichkeit eine Stärke ist. Ich erlaube mir, ich selbst zu sein, und lebe authentisch. Ich drücke nichts weg, ich mache niemandem etwas vor. Und nur dann kann ich mich so annehmen, wie ich bin, und fühle Empathie für mich auf allen Ebenen. Es ist in Ordnung, wie ich fühle, es ist okay, Nein zu sagen. Es ist okay, für mich einzustehen. Es ist okay, was ich möchte, und das auf allen Ebenen betrachtet. Ich erkenne, wann was anfing oder entstand und warum ich wann wie gefühlt habe.

Ich kann mir sehr gut Momente schönreden, das habe ich mir antrainiert. Heute mache ich das nicht mehr. Wenn Momente schlecht waren, dann male ich sie nicht im Nachhinein in den besten Farben aus, um mich zu schützen oder andere zu entschuldigen.

Du fragst dich jetzt vielleicht: Welche Schlüsselmomente waren das denn? Mhm, welche nicht! Das waren so viele, ich hatte so viel geduldet, es durfte alles viel zu nah an mich heran. Was ich früher immer im Extremen hatte, waren diese natürlichen Barrieren. Die hatte ich ab einem gewissen Punkt nicht mehr. Ich hatte mein eigenes Vertrauen aus der Hand gegeben, zu viele Menschen in mein privates Wohnzimmer gelassen. In einem solchen Moment ist man plötzlich sehr offen für Angriffe, weil es keine Barrieren mehr gibt. Ich überließ Entscheidungen anderen und war zutiefst verunsichert in allem. Sehr weit weg von mir und meiner eigenen Haltung.

Ich gestehe mir ein, dass ich mir zeitweise ein dickes Fell anlegen musste. In der Musikwelt ist keine Zeit für Wehwehchen, das interessiert niemanden. Das Motto lautet: »Smile it away!« Vielleicht war das auch mein Motto, mein Überlebensinstinkt. Niemand will eine traurige Mandy sehen. Das dachte ich mir zumindest. Also spielte ich immer die starke »happy Mandy« und drückte meine authentischen Gefühle weg. Nun gestehe ich mir ein, was mir wehtut und kommuniziere das auch sehr offen. Nicht nur auf privater Ebene, sondern auch öffentlich.

Meine Therapeutin hat mein Leben verändert. Sie hat mir geholfen, meine Sprache mir selbst gegenüber zu ändern. Meinen Blick auf mich. Und meine Sicht auf Krisen. Ein Satz, der mich inspirierte und den ich gern mit dir teilen möchte, ist: **Eine Krise ist auch eine Chance zu wachsen!**

Ich bin nicht nur dankbar für meine Therapeutin, ich bin dankbar dafür, dass diese Krise mein Leben geändert hat! Eine Therapie anzufangen und alles andere hinter meine mentale Gesundheit zu stellen, war eine der besten Entscheidungen meines Lebens.

Es gab keinen Ausweg mehr, ich konnte mich nicht mehr nur durchschummeln und ständig so tun, als würde ich es allein schaffen. Und das sollte ich auch nicht. Das weiß ich heute.

Je älter ich werde, desto mehr rächt sich mein Körper, wenn ich nicht nach meinen Werten lebe und meine eigentliche Haltung ignoriere. Und ich denke, dass das eine wichtige Notiz für uns alle ist. **Lebe in deinem Tempo, lebe nach deinen Werten, und lebe mit einem puren Gefühl.**

Ich habe gelernt, Dinge entspannt anzunehmen, wie sie sind, wie zum Beispiel eine Panikattacke, und sie auszuhalten. Ich lernte, eine Panikattacke ist erst einmal nicht gefährlich, auch wenn sie Angst macht. Es gibt Wege, damit umzugehen.

Ich bin nicht meine Panikattacke.
Ich bin nicht meine Depression.
Ich bin nicht meine Fehler.
Das sind Erfahrungen, aber das ist nicht,
wer ich bin!

Wenn du mittendrin bist, ist es allerdings sehr schwierig, anzunehmen, was andere zu dir sagen oder du selbst zu dir sagst. Du verlierst die Kontrolle über deinen Körper, der vielleicht erstarrt, zittert. Dein Herz klopft, es kommen keine Worte heraus. Du bist nicht du selbst, obwohl in dir drin der Verstand aktiv ist und schon fragt: Warum ich? Warum muss ich das spüren? Was habe ich Schlimmes gemacht, dass ich damit kämpfen muss? Und es ist ein Kampf, bei dem man laufend nach dem Sinn fragt und doch keine Antworten bekommt. Wenn es keinen Sinn gibt, braucht man etwas, an das man sich halten kann, bevor es weniger wird und aufhört. Mir hat Folgendes geholfen:

→ Erinnere dich an ein gutes Gefühl (Freude, Liebe, Frieden).
→ Lache, und versuche, dich zu entspannen.
→ Atme tief in deinen Unterbauch. Spüre dabei den Halt zum Boden (deine Füße, deine Sitzunterfläche).
→ Wenn du unruhig wirst, stell dir vor, du sitzt am Wasser und bist ganz entspannt wie ein Buddha.
→ Sage dir: Es ist nur ein kurzer Moment, der auch wieder vorbeigeht.
→ Stell dir vor, wie du wieder entspannt bist.
→ Mach ein paar Liegestütze, oder bewege dich, um dich mit deinem Körper und dem Hier und Jetzt zu verbinden. Damit lenkst du den Fokus auf etwas anderes.
→ Konzentriere dich auf deine Atmung

Bleibe bei dir, das ist dein sicherster Ort!
Es wird leichter ...

Meine Reise bis hierher hat viele Türen geöffnet. Meine Sicht auf die Vergangenheit, auf meine Zukunft, meine Ansicht, wie ich mit Menschen umgehen möchte, wie ich Nachrichten aufnehme, wie ich andere Kulturen wahrnehme. Ich habe mir abgewöhnt zu bewerten. Ich höre zu. Ich habe früher meine Gefühle in der Sekunde, in der ich sie gefühlt habe, sofort bewertet. Jetzt nehme ich sie einfach wahr. Sie dürfen da sein. Aber sie bestimmen mich nicht. Und die Worte Angst und Panik – das habe ich so für mich entschieden – spreche ich nicht mehr laut aus. Und habe sie auch aus meinen Gedanken gelöscht. Ich möchte diesen Emotionen keinen Raum mehr in meinem Leben geben.

Ich habe intensiv gelernt, für mich da zu sein, ich fühle mich und fühle mit mir. Diese Empathie habe ich so dringend gebraucht, und das konnte mir niemand anderes geben. Ich brauchte die Pause, das Runterfahren, das ich mir nie erlaubt hatte. Ich brauchte die Erinnerung und das, was ich Jahre zuvor erlebt hatte, dass ICH allein jegliche Verantwortung für mein Leben trage. Wir allein haben unser Leben in der Hand. **Wenn ich mir kein Mitgefühl schenke, wer soll es denn sonst tun? Ich brauche meine Loyalität am dringendsten.**

Mein Weg zurück zum Gefühl

Oft fragt man sich ja, bin ich einfühlsam, bin ich aufmerksam, bin ich emphatisch mir und anderen gegenüber? Bin ich ein emphatischer Mensch? Mir haben ein paar kleine Punkte sehr geholfen, mehr Empathie in mein Leben und das anderer Menschen zu bringen:

→ Aktives und genaues Zuhören
→ Offenheit
→ Sich Zeit für den anderen und sich selbst nehmen
→ Interesse zeigen und Fragen stellen
→ Das Gegenüber spiegeln
→ Verständnis ausdrücken

Klar ist, dass nicht jedem die gleiche Fähigkeit gegeben ist, Empathie zu zeigen und zu leben. Jamil Zaki, ein amerikanischer Psychologie-Professor an der Stanford University, sagte bei einem TedxMarin-Talk, Empathie sei eine erlernbare Fähigkeit, kein fixer Charakterzug. Ich persönlich denke, es hat etwas mit emotionaler Intelligenz zu tun und einer eigenen Entscheidung, die man für sich und sein Umfeld trifft. Denn wir allein haben die Macht, darüber zu entscheiden, welcher Mensch wir letztendlich sein wollen. Möchten wir als egoistischer oder emphatischer Mensch durchs Leben gehen?

Ich finde, dass das Leben viel schöner ist mit Empathie an der Seite! Ich möchte daran erinnern, dass nur wir selbst bestimmen können, wie viel wir wert sind. Gib dir und deinen Gefühlen ein wenig mehr Empathie bei allem, was du tust, und du wirst spüren, dass sich viele Dinge um dich herum auch verändern werden.

Was andere Menschen von dir denken, was andere mit deinen Entscheidungen machen, was andere von dir wollen – das darf hintenanstehen. »Bleiben Sie bei sich!« – dies ist ein Satz, den meine Therapeutin sehr oft zu mir sagt. Das habe ich nun übernommen. Egal, was mich ablenkt, zweifeln lässt oder verunsichert, ich hole mich immer wieder sanft zurück und sage mir: Empathie bedeutet, mit den Augen des anderen zu sehen, mit den Ohren des anderen zu hören, mit dem Herzen des anderen zu fühlen.

LOVE FOR YOURSELF

Die Liebe zu dir selbst

ändert dein Leben

Kann Selbstliebe inflationär sein?

Wenn ich durch Instagram scrolle, dann entdecke ich mindestens ein Zitat, das sagt: »Love yourself as much as you want to be loved!« Wenn ich durch die Stadt laufe, sehe ich in jedem Schaufenster eine Werbekampagne, die mir sagt, dass ich etwas aus Selbstliebe kaufen soll und weil ich es mir wert bin. Und wenn ich mich später mit einer Freundin treffe, dann sehe ich in ihrem Bücherregal ein Buch, das sich mit dem Thema Selbstliebe befasst.

Dieses Wort ist mittlerweile sehr inflationär und kommerziell genutzt, sodass ich es eigentlich gar nicht mehr nutzen mag, denn es fühlt sich mittlerweile eher nach einem Trendwort an. Doch hinter diesem einfachen Wort steht eine so unglaubliche große Bedeutung, die auch mir früher nicht bewusst war. Als ich anfing, mich mit diesem Thema zu befassen, kamen mehrere Fragen auf: Was heißt es wirklich, sich selbst zu lieben? Wie geht das? Und warum soll ich mich zuerst lieben? Warum ist das so essenziell? Wie schafft man das, und wer schafft das? Wie kann es sein, dass so viele Menschen in Beziehungen sind, obwohl sie sich gar nicht selbst komplett lieben (wer tut dies schon?). Denn schließlich heißt es auch immer wieder: »Liebe zuerst dich selbst, bevor du jemand anderen liebst.« Ich empfand das alles als ein wenig verwirrend, bis ich irgendwann wirklich verstand, was damit gemeint ist. Und welchen Unterschied Selbstliebe in jeglicher Art von Beziehungen macht.

Ich habe mich mit mir und in mir immer wohlgefühlt und habe viele harmonische Beziehungen mit anderen, auf die ich großen Wert lege. Aber auch ich konnte lange nicht behaupten, dass ich mich vor den Spiegel stelle und dann ungehemmt sage: »Mandy, ich liebe dich!« Dafür habe ich mich oft selbst nicht an erste Stelle gesetzt und schaffe es bis heute auch nicht immer.

Selbstliebe lernen

Durch das Life Coaching hatte ich schon gelernt, welche Tipps und Strategien es gibt, um die Selbstliebe in mir zu kultivieren, sie einzupflanzen, damit sie irgendwann erblühen kann. Eine Hausaufgabe war, alles aufzuschreiben, was ich an mir mag. Gar nicht so einfach ... Aber okay, ich mag meine Haut, meine Stimme, meine Liebe für andere. Ich ging mit mir selbst auf ein Date in ein Café, trank einen Espresso und las das Buch »Real Love« von Sharon Salzberg.

Erst in der Therapie fing es dann aber an, dass ich mich in alle meine inneren Räume traute und wirklich erfuhr, was es bedeutet, mit sich im Reinen zu sein und zu sich selbst eine grundpositive Haltung einzunehmen. Ich lernte den zarten und liebevollen Umgang mit mir selbst. Ich lernte, was auch eine meiner Lieblingssängerinnen India Arie in ihrem wunderschönen Song *Just Let It Go* mit lyrischen Worten beschreibt: »Your healing is in your own hands.« Ja! Denn bevor ich mich selbst in den Arm nehmen kann, bevor die Liebe ungehindert fließt, darf ich vollständig werden. Und das ist ein Weg der liebevollen Heilung. Dafür habe ich mir Zeit gelassen und genieße den Weg dorthin bis heute. Ich versuche immer, das Positive zu sehen: **Ich habe die Macht, mich selbst zu heilen!**

Healing beginnt im Kopf, denn Selbstheilung ist ein Prozess, den wir unbewusst bei Krankheiten durchleben. Aber auch innere Verletzungen und Wunden der Psyche, die wir durch Erlebnisse mit uns tragen, dürfen und können heilen. Heilung ist für unseren Körper etwas Natürliches und Gewöhnliches, und wir alle haben die Kraft, dies mit einer positiven Ausrichtung zu unterstützen. Zur Selbstheilung gehört die Selbstwahrnehmung, zu der die Sinne, Gedanken, Körperempfindungen, Intuition, inneren Bilder, Ideen und Ahnungen gehören.

Selbstheilungskräfte lassen sich nicht mit Zwang aktivieren, aber mit optimalen Bedingungen fördern. Dazu gehört zum Beispiel, den Fokus auf Stärkendes zu richten, auf Positives, Erfreuliches, auf Fähigkeiten und Kraftquellen. Auf Dinge, die dir besonders guttun. Es geht dabei nicht darum, Negatives zu verleugnen, sondern es auf eine ganz andere Weise wahrzunehmen und es zu akzeptieren.

Ein großer Teil in meinem emotionalen Heilungsprozess war, dass ich lernte, anzunehmen und zu akzeptieren, was ich nicht ändern konnte. Ich habe mich und meine Gefühle so gelassen und nichts zu einem Konflikt mit mir selbst gemacht. Dieser innere Krieg, diese Selbstkritik – da habe ich Frieden einkehren lassen. Oder sagen wir besser: Ich versuche es immer wieder. Es ist wirklich nicht einfach, denn wir sind ein Stück weit so konditioniert, alles zu bewerten, einzuordnen, zu fixen oder wegzudrücken. Vor allem das, was unbequem und nicht perfekt ist. Wenn jemand uns bewertet, dann können wir nicht immer so tun, als würde es uns nicht berühren. Wenn wir enttäuscht werden, dann endet zwar die Täuschung, aber es bleibt immer noch das Gefühl der Leere, vielleicht auch der Scham.

Als ersten Schritt habe ich mir immer wieder an den schlechteren Tagen gesagt: Es ist in Ordnung, wie du fühlst. **Ich habe zwar noch Fragen an mein Leben, aber ich weiß, sie werden irgendwann beantwortet.** Mach dich nicht fertig, sei nicht so streng mit dir. Du gibst immer dein Bestes, und das ist gut genug. In mir gibt es seitdem wenigstens keinen Krieg mehr, nur ab und zu Unstimmigkeiten, leise Zweifel und inneren Aufruhr.

With a little help of my ...

Auf dem Weg der Heilung und der Liebe zu mir selbst waren und sind, neben meiner Familie, meine engen Freundinnen für mich da, und wir pflegen seit fast 20 Jahren eine sehr stabile Basis. Wir gehen durch dick und dünn. Unsere Beziehungen zueinander stehen über allem. Männer haben wir noch nie über unsere Freundschaften gestellt. Noch nach Mitternacht bin ich mit meinem Bühnen-Make-up zu meinen Freundinnen gefahren, wenn es einer schlecht ging und ich sie in den Arm nehmen wollte. Oder um mit ihnen auszugehen, weil eine von ihnen sich gerade getrennt hatte und sich ablenken wollte. Ich weiß, sie würden das egal wo auf der Welt auch immer für mich machen. Diese Momente haben mir (neben denen mit meiner Familie) alles bedeutet, bis heute. Meine größte Angst war immer, ein Popstar zu sein, der keine Freunde hat und einsam in seinem Hotelzimmer sitzt. Für mich hat all das keinen Wert, wenn ich nicht meine Familie und Freundinnen an meiner Seite habe.

Sicherlich konnte ich nicht alles miterleben und war nicht auf jeder Feier dabei. Aber ich blieb dran. Und sie blieben dran. Meine Freundinnen begleiten mich bei jedem Schritt meines Weges. Sie sagen mir, wenn ich mich mal verirre, und freuen sich über jeden Meilenstein mit mir mit. Und sie haben die Melodie zu meinem Leben weitergesungen, wenn ich sie vergaß. **Meine Freundinnen erinnern mich immer wieder daran, wer ich bin.** Es sind kleine SMS-Nachrichten oder unsere stundenlangen Telefonate. Wir gehen nie aus einem Telefonat, ohne einander etwas Liebevolles zu sagen. Und das nicht nur, wenn es uns schlecht geht, auch zwischendurch kommt mal ein »Ich bin echt stolz auf dich, ich hoffe, du bist es auch« – das sind kleine Reminder, die so wertvoll sind. Und in Momenten, in denen man sich selbst als größten Taugenichts sieht, braucht man nicht nur die Liebe, sondern auch den, wie ich ihn nenne, »Es-langt-jetzt-Push«: Vergiss dich und deinen Wert nicht, mach dich hübsch für dich selbst, und mach dir eine schöne Zeit!

Meine Freundinnen haben einen unglaublich großen Wert für mich. Ich bin ihnen dankbar und gehe mit ihnen sehr feinfühlig um. Wenn es aber um mich geht, sah das lange ganz anders aus. Ich war hart und nicht soft zu mir. Ich pushte mich weiter, wenn ich eigentlich Ruhe gebraucht hätte, und sagte mir dann noch vor dem Einschlafen: Mandy, du hast heute nicht geschafft, was du schaffen wolltest. Mist. Warum? Denn eigentlich sollten wir ja unsere allerbeste Freundin sein. Mit niemandem verbringe ich bis zum Rest des Lebens mehr Zeit, das steht jetzt schon fest. Niemand kennt mich besser, weiß ja wirklich alles über mich. Aber ich hatte mich nicht immer am besten behandelt. Als ich das eines Tages nach einer Therapiesitzung, auf dem Weg nach Hause, tief im Inneren realisierte, musste ich mein Auto kurz am Seitenstreifen parken, mich am Lenkrad festhalten und erst einmal durchatmen. Mein Herz tat weh, als ich versuchte, mich selbst von außen zu beobachten, und je mehr ich durch all meine Momente ging, umso mehr dachte ich: Oje, was habe ich dir da angetan? So würde ich nie, niemals mit meiner Freundin umgehen. Ich fing an, das sehr ernst zu nehmen – und ab da änderte sich alles. Seit diesem Moment nehme ich mich wortwörtlich an die Hand. Ich versprach mir ernsthaft, mich mehr zu lieben. Das funktioniert gut und macht mich gleichzeitig selbstbewusster, klarer. Es ist ein Commitment, wie an einen Menschen, mit dem man eine Beziehung eingeht.

Das kannst du auch für dich selbst testen: Wenn du dir die Tipps selbst sagst, die du deiner Freundin gibst, triffst du andere Entscheidungen. Du empfiehlst, den Mann oder den Job zu verlassen, der dich und deine Bedürfnisse nicht wirklich sieht und all deine Energie kostet. Wenn du krank bist, sagst du, sie solle sich erst mal ausruhen.

Es fühlt sich für mich so an, als hätte ich plötzlich eine taffe Anwältin in mir, die für mich spricht, die immer mal einfach dazwischenruft: Einspruch! Oder: Halt, Stopp! Die Regeln bleiben, wie sie sind! Das macht

Frau Capristo nicht mit! Das Gute daran: **Diese innere Anwältin ist sehr wertvoll, aber sie kostet dich nichts. Und wir alle können sie bei uns anstellen.**

Wenn man seinen eigenen Wert erkennt

Man könnte auch sagen, es sind drei starke Schwestern, die nun in meine Familie gehören: Selbstbewusstsein, Selbstwert, Selbstliebe. Alles ist eins. Es funktioniert wie in einem Kreislauf. Wenn man das Bewusstsein für sich selbst entwickelt, dann versteht man seinen Selbstwert. Wenn man den respektiert, wird man sich Selbstliebe schenken. Wenn ich eine selbstbewusste Frau bin und meinen Wert kenne sowie respektiere, dann kann ich mich nur lieben, es sei denn, ich fake das alles. Davon sprechen wir aber nicht. Wir sprechen von einem authentischen Ich. Von einer Frau, die ganz und gar zu sich stehen kann. Was auch immer kommt!

Ich habe nie etwas aus Verzweiflung oder weil es ein Trend ist, mitgemacht, sondern immer nur, was ich als richtig empfand und was sich für mich selbst stimmig und nachhaltig anfühlte. Meine Mutter, die meine allerbeste Freundin war und ist, sagte immer zu mir: **»Man sollte in den Spiegel schauen können, nicht nur, um sich anzuschauen.«**

Ich sage Ja zu mir! Und es ist nicht so schwer: Schließe für einen kurzen Moment deine Augen, und atme ein paarmal gelassen. Dann sag dir:

Ich hab mich gern so, wie ich jetzt bin.
Ich bin wertvoll.

Lass diese Sätze wirken, und wiederhole sie so oft, bis du sie wirklich fühlst. Dann nimm dir vor, keine Energie mehr aufzuwenden, um etwas in dir zu unterdrücken. Lass alles einfach da sein, und schaue es dir in Ruhe an.

Mein guter Morgen

Was ich also bis hierhin gelernt habe, ist, die Sprache zu mir zu verändern und wie ich für mich einstehe. Das macht einen großen Unterschied. Aber es gibt noch so viel mehr Momente des Tages, an denen ich mir meine Liebe beweisen darf. Ich achte zum Beispiel darauf, wie ich in den Tag starte. Was sehe, was denke und was höre ich als Erstes? Ich werde nicht von einem Alarm geweckt, sondern von dem Song *Ain't No Mountain High Enough* von Marvin Gaye und Tammi Terrell. Dann habe ich direkt ein gutes und belebtes Gefühl. Ich gebe den ersten zehn Minuten des Tages die Chance meines Lebens!

Ich habe mir auch den Schlafmodus eingestellt, der macht einen großen Unterschied für mich. Früher habe ich schon mit halboffenen Augen nach dem Handy getastet, lenkte direkt meine Aufmerksamkeit zu allen Nachrichten, die neu eingetrudelt waren. Ich sah mir selbst dabei zu, wie ich automatisch alles las und direkt beantwortete, wie ich seufzte und das Stresslevel anstieg. Es zog mich komplett ins Außen, in den Aktions-modus. Ich war selbst noch nicht richtig wach und saß schon im Bett wie an meinem Schreibtisch. Hatte noch nichts getrunken, war noch nicht im Bad. Damit zerstörte ich mir die entspannte Ausrichtung für den Tag. Jetzt mache ich's mir immer erst mal gemütlich, schlüpfe in meine Lieb-lingshausschuhe, die ich überall mit hinnehme, und mache mir meine Jazz-musik an oder höre meinen Pastor Joel Ostern. Der Moment gehört mir!

In vielen Selfhelp-Büchern, die ich gelesen habe, steht oft ein end-loses Programm, was ich am Morgen alles gleich machen soll: Erst ein-mal 20 Minuten Ölziehen, 20 Minuten Meditation, dann eine kleine

Yogaeinheit von einer Stunde (!), dann aufschreiben, wofür ich dankbar bin, danach darf ich mir noch die perfekte Bowl mit 100 Superfoods so anrichten, dass sie sofort als Foto geteilt werden könnte. Ach, und lasst uns bitte nicht den Sonnengruß vergessen. Jesus Maria! Ist das schon Selbstliebe oder eher Stress? Abgesehen davon, dass ich nicht mal drei der Superfoods dahabe, finde ich, jeder Mensch darf ganz individuell entscheiden, was ihm guttut. Da gibt es keine Regeln und sollte es auch keinen Druck geben. Ich stelle mir oft schon abends vorher meinen Morgen vor, dass ich mit viel Freude aufwache. Mal mache ich Pilates, mal schlafe ich eine Sekunde länger. Ich vertraue meinem Gefühl. Eine Sache, die ich immer mache, ist mein Bett, das macht für mich tatsächlich einen großen Unterschied. Und zum Fertigmachen höre ich entweder Joel Ostern als Audio oder eines meiner Lieblingshörbücher von Louise Hay »I can do it«. Jetzt gerade höre ich »A Return to Love« von Marianne Williamson. Und wenn ich merke, ich brauche einen Extra-Kick, dann lege ich eine alte Jackson-Five-Platte auf und tanze dabei mit einem Cappuccino mit einem halben Espresso durch mein Wohnzimmer. Warum ich nur einen halben Espresso trinke? Weil ich seit den Angststörungen nicht zu viel Koffein zu mir nehmen möchte. Ich liebe Kaffee, aber nach der zweiten Tasse fühle ich mich innerlich nervös.

Wer den eigentlichen Stress am Morgen macht, ist mein haariger »Sohn« Capone. Er denkt, er ist ein Mensch, und versteht nicht, dass er nicht die Toilette nutzen darf. Das Gassigehen sieht er bis heute nicht als Priorität. Überflüssig. Seit zehn Jahre warte ich auf den Moment, dass er sich selbst die Leine anlegt und eine Runde im Park dreht und dann entspannt zu mir zurückkommt. Das passiert nicht. Er diskutiert und diskutiert für das, was er für sich sieht. Der kleine charmante Mann kennt seinen Wert. Seine Art der Selbstliebe.

Dein Weg ist der beste

Was ich bis hierher gelernt habe: Selbstliebe ist keine Pille, die man am Morgen schluckt, sie geht im Körper auf, verteilt sich wie eine Brausetablette, und ich leuchte dann den ganzen Tag. Selbstliebe ist eine softe Disziplin, und der erste Schritt ist, sich bewusst zu werden, wie man diese auf seine Art leben und ausdrücken kann. Es gibt wie bei vielen Dingen keine pauschale Superlösung. Den besten Weg für sich selbst findet man im Gehen, durch Ausprobieren, Erforschen, Lernen, Lesen. Und wie bei allem im Leben – dranbleiben! Was mir geholfen hat: Selbstliebe entsteht, wenn ich auf allen Ebenen liebevoll mit mir selbst umgehe, bei allem, was ich für mich tue.

Du wirst auf deinem Weg finden, wie sich deine Selbstliebe anfühlt. Es gibt ein Gedicht, welches Charlie Chaplin an seinem 70. Geburtstag geschrieben hat. Der Titel: »Als ich mich selbst zu lieben begann«. Dieses Gedicht hat mich immer sehr inspiriert, und ich finde, die Worte hätte er nicht besser wählen können. Und so mache mir immer wieder bewusst: Alles, was ich tue, womit ich mich umgebe, höre, lese, esse, womit ich meinen Körper eincreme, darf ganz bewusst gewählt sein. Es hilft mir, wenn ich beschützend auf mich selbst blicke, den Impuls hatte ich vorher selten. Es ist wichtig, das Beste für sich zu wollen, so fühlt man sich verbundener, in einer intensiveren Beziehung mit sich selbst. Und das hat dann auch Auswirkungen auf das Leben und die Beziehungen zu anderen Menschen. Ich bin für mich da, wenn ich den Sechs-Uhr-Flug nehme, wenn ich noch nachts am Computer sitze, obwohl meine Augen schon zufallen. Dann springt etwas in mir an und fragt mal nach: Ist das gerade wirklich das Beste für dich, liebe Mandy?

Es ist so, wie ich es meinen besten Freundinnen sagen würde: Wenn ich mich selbst liebe, dann lasse ich mich nicht auf eine toxische Beziehung ein, dann nehme ich den Stress-Job erst gar nicht an und mache nichts, was mich in irgendeiner Weise unwohlfühlen lässt. Der eigene Beschützer-instinkt ist sehr wertvoll!

Selbstliebe ist kein Egotrip!

Wenn man Selbstliebe googelt, dann findet man Texte, in denen steht, dass Selbstliebe eine egozentrische Liebe zu sich selbst sei. Hm, diese Meinung unterschreibe ich nicht. Das ist vielleicht oft der Grund, warum wir uns nicht erlauben, uns selbst zu lieben. Es gibt einem das Gefühl, egoistisch und narzisstisch zu sein, obwohl es doch darum gehen sollte, für andere da zu sein. Ja und nein. Natürlich ist es ein Riesenunterschied, ob ich mich immer als die Beste sehe und andere Menschen abwerte – oder ob ich einfach in eine allumfassende Selbstannahme gehe und mit diesem Blick auch andere Menschen sehe. Ganz automatisch werde ich dann achtsamer und wertschätzender mit allen. Wenn ich mich gut um mich selbst kümmere, habe ich auch mehr Energie für andere. Ich kann besser verzeihen oder die anderen so stehen lassen. Weil ich weiß, dass wir alle auf dem Weg sind und unser Bestes geben und es manchmal eben einfach nicht besser können. Den Grund dafür muss ich nicht wissen. Aber Selbstliebe ist natürlich nicht Überheblichkeit, Arroganz und eine Pauschalausrede, um nur noch auf sich selbst zu achten. Selbstliebe ist ein Gefühl zu mir selbst! **Selbstliebe bedeutet Selbstrespekt, welchen wir alle in uns haben sollten.** Hier ein paar Ideen für dich, um Selbstliebe zu entdecken.

➡ Schreib dir selbst einen Liebesbrief. Mach dir schöne Musik an, koch dir einen Tee und nimm dir ungestört Zeit, um dir selbst ein paar nette Zeilen zu schreiben. Diese Worte können dich immer wieder daran erinnern, dass du dich selbst wertschätzt. Dafür ist auch Dankbarkeit ein Schlüssel!

➡ Date dich selbst. Plane ein schönes Erlebnis mit dir selbst, das du sonst nie allein machen würdest: ins Café gehen, einen Ausflug, einen Spaziergang. Und bleib mit dir in Verbindung. Genieße den Augenblick und die Freiheit, genau das zu tun, was dir guttut. Du musst keine Kompromisse bei diesem Date machen. Falls es dir schwerfällt, allein Essen oder ins Kino zu gehen (I get it!), dann fang damit an, dass du dir selbst einen Spa-Moment schenkst: ein Schaumbad oder eine Selbstmassage mit deinem Lieblingskörperöl. Oder setz dich einfach mit einem Coffee-to-go auf die Parkbank.

➡ Tanze! Mach dir deine Lieblingsmusik an, und bewege dich zu der Musik, wie du es liebst. Stell dir vor, dass du dabei in bester Gesellschaft bist: mit dir selbst. Und fühle, wie schön es ist, sich einfach einen Moment voller Freude zu erschaffen – egal, was sonst noch in deinem Leben passiert. Die fünf Minuten gehören dir!

➡ Mach eine neue Erfahrung! Überlege, was du immer schon einmal ausprobieren wolltest, und gönn dir diese Bereicherung: Lies ein Buch, das du immer schon einmal lesen wolltest. Buche den Kurs, der dich anspricht. Fahre in die Stadt, die dich immer schon begeistert hat. Oder verbringe einen Tag an einem neuen Ort in der Natur.

➡ Verwöhn dich mit deinem Lieblingsgericht! Bereite dir mit ganz viel Liebe zu, was du am allerliebsten isst (es kann auch ein Käsebrot sein!), und nimm dir etwas mehr Zeit als sonst fürs hübsche Anrichten. Dann iss an einem schönen Ort, und genieß deine Gesellschaft ohne Ablenkung. Mach dir einfache eine gute Zeit mit dir selbst!

Bleib bei dir!

Es ist wichtig, in jedem Moment, besonders im Alltag, bei sich zu sein und zu bleiben. Und danach auch Entscheidungen zu treffen. Du brauchst Respekt für dich, tief und unerschütterlich im Inneren. Ich gehe täglich aus dem Vergleich und dem Zweifel heraus, und ich setze mich immer wieder gefühlt in mich neu rein. Hört sich jetzt sicher komisch an ... Aber mich unterstützt die Vorstellung. Ich bin ein enorm visueller Mensch. Wenn ich einen Song schreibe, sehe ich das Video schon vor Augen, ich sehe Farben. Ich bekomme zu der Musik und den Worten ein Bild. Wenn ich das nun auf mich übertrage, dann sehe ich mich, wie ich mich immer wieder selbst bewohne, und da geht es darum, es sich bei sich gemütlich zu machen. Kleiner Reminder: Du bist nicht dein Erfolg oder dein Aussehen ... Aber alles gehört zu dir.

Selbstliebe bedeutet, zu sich zu stehen. Auch immer wieder etwas Neues an sich zu lernen und zu entdecken ist superspannend und macht Spaß. Ich denke, einer der größten Punkte ist die Bewertung, die wir unserem Leben, den Geschehnissen und uns selbst geben. **Für mich hat sich vieles verändert, als ich aufgehört habe, mich zu bewerten. So, als hätte ich eine Tür aufgeschlossen und der Selbstliebe den Raum gegeben, den sie verdient.** Was auch sehr wichtig ist. Es ist so schwer, sich von allen Vorstellungen und Rollen zu lösen, die wir eingeredet oder vorgelebt bekommen haben. Wer wir sein sollen und wer nicht.

Zur Selbstliebe gehört außerdem, das authentische Ich zu entdecken und sein Leben danach zu leben. Wir alle haben unsere eigene Geschichte. Mit allen Stärken und Schwächen. **Jede Frau und jeder Mann darf und soll so sein, wie sie/er ist.** Und wenn du dich dafür entscheidest, eine Frau zu lieben und keinen Mann oder andersrum und somit deine eigene Tradition beginnst, do it! Wenn du keinen Kinderwunsch hast und lieber eine Werkstatt aufbauen möchtest, mach das, was dich glücklich macht. Das ist deine Lebensversion, die darfst du dir gestalten, wie du dich wohlfühlst – das ist so wichtig! Wir Menschen und vor allem Frauen sollten nicht verglichen werden und sollten uns nicht miteinander vergleichen.

Wir spüren denselben Druck und Kampf, den Schmerz, haben Visionen. Wir brauchen keine weiteren Hashtags dafür, sondern eine pure Unterstützung von Frau zu Frau. Im wahren Leben. Von Mensch zu Mensch. In allen Bereichen. Für jede Frau (und natürlich auch jeden Mann) ist eine andere Geschichte bestimmt, und du kannst sie selbst schreiben – und das geht niemanden etwas an! Ein großer positiver Nebeneffekt ist, dass all das dir eine unglaubliche Energie und Selbstvertrauen schenken wird, wenn du einfach nur DU SELBST BIST und dir darin vertraust!

Manchmal braucht man eine kleine Hilfe. Erstell doch mal eine Liste mit den Werten, die dich gut fühlen lassen (zum Beispiel Harmonie, Freude, Kreativität), und dann schau, wie du sie im Leben lebst beziehungsweise welche Werte du vor allem ausdrückst. Versuche, einen Ausgleich zu schaffen, indem du deine persönlichen Lieblingswerte mehr in den Vordergrund rückst und mehr auslebst. Also: Wenn Freude dein Wert ist, dann sorge dafür, dass du Momente der Freude kreierst. Wenn dir Kreativität sehr wichtig ist, dann schaffe dir den Raum, dass sie ein Ventil findet.

Lebe all deine Gefühle

Meine Mutter hat mich mal gefragt: »Mandy, wo ist deine Wut? Warum wirst du nie wütend? Hast du dir das abtrainiert?«

Darüber habe ich lange nachgedacht. Denn schließlich hatte ich genügend Gründe, um wütend zu sein und mich aufzuregen. Über mich wurden sehr viele Unwahrheiten verbreitet. Ich hatte so viel Ärger, aber fühlte nie Wut. Das hatte ich mir tatsächlich schon sehr früh abtrainiert. Vielleicht ist die Ursache dafür das Verhältnis zu meinem Vater. Früh war hier klar, dass Auflehnung nicht zielführend sein würde. Wir Frauen müssen manchmal nur eine andere Meinung haben, um als zickig oder anstrengend betitelt zu werden. Vor allem aber trug ich das Gefühl von Wut so lange in mir herum, dass es sich immer weiter potenzierte und mich belastete. Ich konnte die Wut nicht ziehen lassen. Deshalb lernte ich, sie einfach wegzupacken und so zu tun, als würde es mir nichts ausmachen. In mir drin hatte ich immer diese klare Meinung über Dinge, mein Leben und wer ich bin und sein möchte. Alle Frauen, die mich inspirierten und zu denen ich hochschaue, haben immer eine klare Haltung. Ich wusste also, auch diese Schublade muss aufgemacht werden.

Wut kann die Schubkraft sein, aus der Lethargie und Ohnmacht auf das nächste Level zu kommen.

Zur Veränderung gehört dazu, dass ich all meine Emotionen lebe und unter anderem wütend werde. Wut ist eine unglaublich starke Kraft. Deswegen heißt Selbstliebe für mich nicht, auf einer rosa Wolke zu schweben, immer die beste Seite von sich zu zeigen, sich immer hübsch zu machen und zu lächeln, obwohl mir gar nicht danach ist. Es ist auch ein Ablegen von Perfektion und Angepasstheit. Denn immer perfekt sein zu wollen ist ein unerreichbares und nun wirklich kein empfohlenes Ziel – das macht mir meine Therapeutin immer wieder in unseren Gesprächen bewusst. **Wir sind darauf getrimmt, perfekt für andere Menschen zu sein. Aber eigentlich geht es darum, uns selbst gerecht zu werden.** Wenn wir uns nicht verstecken oder verstellen, dann bekommen wir schönste Ecken und Kanten, dann entsteht Charakter, und es wird interessant. Eine Frau, die mit sich im Reinen ist, die Erfahrung hat, tritt ganz anders auf. Sie erweckt Neugier, weil sie eben nicht perfekt ist. Sie hat Ausstrahlung, Charme, innere Ruhe und Liebe in den Augen. Man möchte sie fragen: Was ist deine Geschichte? Erzähl mir, wann waren deine Momente des Umbruchs? Erzähl mir nicht vom permanenten Erfolg, ich will das nicht hören. Erzähl mir, was ist passiert, was ist nicht so gut gelaufen? Und vor allem: Wie hast du dich da herausgeholt? Dann können wir alle etwas lernen. Das macht eine Frau zu einem attraktiven Menschen für mich.

Für mich ist das Leben kein auswendig gelernter Pitch wie bei *Die Höhle der Löwen*. Ich bewundere die Menschen, die, als sie alles verloren haben, wieder aufgestanden sind und sich alles von null aufgebaut haben. Alleinerziehende Mütter, die einem Kind Liebe für zwei schenken müssen. Menschen, die teilen, ohne selbst etwas zu haben. Und Menschen, die egal, wie gemein das Leben zu ihnen ist, immer wieder dankbar für ihr Leben sind und jeden Tag leben, als wäre es der letzte. Über solche Menschen möchte ich lesen.

Dolce far niente

Selbstliebe bedeutet keine aktive Daueroptimierung. Wir dürfen es natürlich leben und fühlen. Und mit diesem neuen Blickwinkel durchs Leben zu gehen, erfüllt mich sehr. Genau um diese Erfüllung geht es. Sich vollständig zu fühlen. Sich selbst zu heilen und zu lernen, von dieser Basis aus befreiter zu leben. Alles ist schon da – alles ist in dir! Es gibt immer und überall noch eine optimalere Lösung oder Dinge, die wir besser machen können, eine gesündere Ernährung und eine gelassenere Einstellung. Doch so muten wir uns immer mehr Stress und Aufgaben zu, die wir eh schon haben. Dabei soll es uns doch besser gehen! Wer schafft es schon, in allen Bereichen des Lebens perfekt zu sein? Wer hat seine Finanzen total im Griff, die Traumwohnung blitzblank, einen fair bezahlten Job ohne Stress und eine angeborene Alterslosigkeit? Und reicht es nicht, wenn ich einfach nur meinen Alltag meistere? Sollte das nicht schon genug sein? Ich will hier und jetzt eine ganz normale Frau sein dürfen. Die Frau, die ich in diesem Moment bin. Und nicht mehr und nicht weniger. Das ist genug. Und das möchte ich für jede Frau.

Dazu gehört immer mehr, dass ich mir erlaube, auch einmal nichts zu tun. Das war so lange undenkbar für mich. Ich habe mich wie ein Taugenichts gefühlt, wenn ich nicht eine To-do-Liste mit 100 Sachen abarbeitete. Überhaupt: Mal keine To-do-Liste, sondern eher eine To-be-Liste zu haben, kannte ich nicht. Wenn ich mal Zeit hatte, dann suchte ich mir eine Verabredung, ein Hobby oder putzte meine Wohnung, alles musste immer einen Sinn haben. Aber wo bleibt da Raum für das Nichtstun? Oder positiver ausgedrückt: für das Sein. Für das Menschsein. Es heißt human being – und nicht human doing.

Vor allem während meiner Zeit in L.A. habe ich mir das zu Herzen genommen und setze das aktuell auch in Italien um. Diese Haltung nimmt mir 50 Prozent des Stresses. Deswegen sage ich auch zu diesen köstlichen Momenten »Dolce far niente« (Italienisch für »süßes Nichtstun«). Es ist so erleichternd und leicht, mal keinen Auftrag zu haben, sondern einfach nur durch die Straßen zu schlendern, ohne Ziel und ohne Zeit. Oder auf einem Platz zu sitzen und sich eine Stunde für einen (halben) Espresso zu nehmen, den man genauso in einer halben Minute herunterstürzen könnte. Stattdessen schaue ich nicht auf die Uhr, ich schaue einfach in die Gegend und freue mich, wenn ich Momente einfangen kann: ein tanzendes Kind, ein Liebespaar oder zwei lachende Freundinnen. Ich lege das Handy weg, und anstatt Bilder auf Instagram zu sichern, bewundere ich die Frauen auf der Straße für ihren tollen Stil.

Auf unserem Grab wird irgendwann nicht stehen, sie hat 24/7 gearbeitet, 5.679.998 Platten verkauft und eine Depression inklusive Panikattacken überlebt. Wenn etwas darauf steht, dann wünschen wir uns doch etwas wie: Wir halten ihr Herz in Erinnerung! Das Leben sollte kein Überlebenskampf sein.

Wir dürfen aus dem Gefühl des Kampfes und Stresses aussteigen. Es lohnt sich selten, im Boxring zu verharren. Deswegen lasse ich die Boxhandschuhe weg und ziehe sie erst gar nicht an. Samthandschuhe sind auch okay, besonders im Umgang mit mir selbst. Und manchmal dürfen wir auch unser eigener Cheerleader sein und uns selbst auf die Schulter klopfen. Anstatt zu warten, dass das Leben beginnt und ich irgendetwas erreicht habe und dann erst stolz und zufrieden sein kann, bin ich es doch einfach jetzt. In diesem Moment. Nicht gestern, nicht morgen, sondern genau jetzt. Alles, was danach kommt, ist ein Plus.

Du darfst geheim sein

Eine Erfahrung, die mir wichtig ist, möchte ich am Ende dieses Kapitel noch mit dir teilen: Sei offen, sei du selbst, aber erzähle den Leuten nicht alles über dich. Wenn du auf deiner eigenen Reise bist, wenn du dich selbst gerade datest, dich gerade neu kennenlernst, behalte es erst einmal für dich. Nur wenn du sicher bist, dass du gesehen und verstanden wirst, dann öffne dein Herz und dein volles Vertrauen. Denn wenn wir uns gerade selbst neu entdecken und lieben lernen, ist das ein zerbrechlicher Zustand. Dann sind wir sehr verletzlich. Niemand muss deine Reise kennen, denn du musst sie allein gehen. Du brauchst keine Bewertungen und Ratschläge (auch lieb gemeinte). Aber jeder Mensch redet aus seiner eigenen Geschichte heraus, aus seinen Erfahrungen, seinen Werten, seinen Haltungen. Das ist okay, nur passt es vielleicht nicht für dich. Das kann verunsichern. Und wieder einmal passt der Satz: Bleibe bei dir, vertraue dir, und folge deiner Intuition. Sie weiß genau, was zu tun und zu lassen ist. **Vergiss nicht, auf dieser Reise stolz auf dich zu sein** – kleiner Reminder von deiner Freundin.

INTUITION UND IDENTITY

Wir sind die Antwort auf unsere Fragen

Als Kind bist du pur

Als wir Kinder waren, haben wir gesagt, was wir dachten. Wir haben unsere Emotionen gezeigt, so, wie wir sie fühlten. Und wir haben geträumt, so weit unsere Fantasie gereicht hat. Kein Ziel war zu groß, ein »ist nicht möglich« war unmöglich. Wenn wir ein Baumhaus haben wollten, dann haben wir die Stöcke in die Hand genommen und angefangen zu bauen. So war es bei uns auf dem Land auf jeden Fall. Wenn wir eine Person nicht mochten, dann weil wir allein unserem Gefühl vertraut haben. Wir wussten nicht, welchen Job ihre Eltern haben, aus welcher Kultur die Person stammt, ein »Ich mag sie oder ich mag sie nicht« hat gereicht. Heute würde man sagen, wir hatten damals ein sehr gutes Gespür dafür, wer auf unserer Wellenlänge ist. Alles, was uns Spaß gemacht hat, dahinein haben wir investiert: Spielzeug, Freundinnen, Hobbys, Musik und Gedanken. Wir haben uns gefreut, wenn wir endlich Fahrrad fahren konnten und wenn wir einmal hingeflogen sind, egal, wie tief der Schmerz auch war, haben wir ein paar Tränen fließen lassen und direkt weitergemacht, als wäre nie etwas passiert.

Am wichtigsten ist, wir haben gelebt und geliebt, als würde uns das Leben genauso zurücklieben, ohne Angst, nur irgendwie verletzt zu werden – in uns drin waren wir pur und rein. Wir haben unser Leben wie ein Blatt angefangen zu bemalen. So bunt, wie wir wollten. Selbst wenn uns die Farben ausgegangen sind, wir haben unser Bild zu Ende gemalt. **Nur an einem puren Ort entsteht ein klares Gefühl.**

Natürlich wussten wir damals noch nicht, dass es sich um das Gefühl der Intuition handelt. Wir haben dem vertraut, was wir gefühlt haben. Haben nicht hinterfragt, nicht analysiert, einfach nur *vertraut*! So war es bei mir …

Schon sehr früh hatte ich das Gefühl, dass ich ein Urvertrauen in mir habe und dem einfach nachgehen muss. Vielleicht hat es auch etwas mit meinem Glauben zu tun, dass ich immer das Gefühl hatte, irgendwie beschützt zu sein. Manchmal schaue ich zurück auf mein Leben und erinnere mich an Gedanken, die ich als kleines Mädchen hatte, und erwische mich dabei, wie ich selbst zu mir sage: Du hattest den Gedanken damals schon in dir, du hattest schon dieses Gefühl, ob etwas richtig oder falsch war für dich, warum hast du dem nicht vertraut? Doch das Leben ist mit dir einen ganz schön komplizierten, langen Weg gegangen, um genau da jetzt wieder anzukommen.

Während ich jahrelang immer wieder nur daran gedacht habe »anzukommen«, an diesem Ort des Glücklichseins, bin ich dankbar für diesen teilweise unglaublich komplizierten Weg. Denn auch wenn ich noch nicht ganz da bin, wo ich gern sein möchte, weiß ich, dass es nicht mehr nur um das Ziel geht. Das Leben oder der liebe Gott, du nennst es vielleicht das Universum, hat mich nicht all diese Umwege laufen lassen, nur damit ich am Ziel ankomme, sondern damit sich mein ganzes Ich auf allen Ebene entwickelt. Alle Facetten meines Charakters. Nope, es war alles andere als einfach, aber wenn ich heute einen Pakt mit mir schließe, dann ist das Schloss abgeschlossen. Heute treffe ich keine schnellen Entscheidungen mehr. Und wenn ich heute sage: Ich muss eine Nacht drüber schlafen und auf meine Intuition hören, dann mache ich das und vertraue ihr voll und ganz!

In uns drin haben wir dieses starke Gefühl unserer Intuition. Ich stelle mir meine und unsere Intuition wie ein inneres Licht in uns vor. Wenn das Licht an ist, kannst du alles ganz klar sehen. Wenn du es immer mehr dimmst, wird alles immer verschwommener. Für mich entsteht das Gefühl der Intuition zum einen aus der Energie, die ich spüre, gepaart mit meiner inneren Stimme, die mich leitet. Die Intuition ist wie ein schützendes Licht, was auch meine inneren Alarmglocken läuten lässt, wenn ich mich in Not befinde. Und genauso kann sie dir helfen, dich an den hellsten Ort zu bringen. Deine Intuition möchte immer nur das Beste für dich, das darfst du nie vergessen.

Meine innere Stimme ist mein Kompass

Im Einklang mit meiner Selbstliebe schwingt die eigene Stimme: meine Singstimme, meine Meinung, aber auch mein innerer Kompass, dem ich immer sehr vertrauen konnte.

Als es anfing, und ich spüren konnte, dass ich mich immer unwohler in meiner Haut fühlte, dachte ich zunächst, einfach nur überarbeitet und erschöpft zu sein. Ich fühlte mich richtig krank, und das permanent. Definieren konnte ich es nicht. Man muss dazu sagen, dass ich kein Mensch bin, der oft krank ist oder jedem »Wehwehchen« seinen kleinen Moment gibt. Krank war für mich ein schwieriges Wort, da ich ja buchstäblich keinen Bruch im Bein hatte und auch sonst immer alles sehr positiv betrachte.

»Was nicht passt, wird passend gemacht«, das ist eines meiner Mottos. »Was nicht ist, kann noch werden« setze ich auch oft ein. Aber plötzlich begann eine andere Sprache in meinem Kopf: Ist das, was sich verloren anfühlt, auch wirklich für immer weg? Neue Fragen, die ich mir stellte und auf die ich keine Lösung parat hatte, und das »kann noch werden« fühlte sich sehr weit weg an. Doch was ich nach langem Reflektieren, Therapie und Gesprächen herausgefunden habe, war: Es ist kein »Kranksein«, dieses leere Gefühl in mir. Ich war einfach nicht mit mir verbunden. Ich habe meine Intuition, meine innere Stimme komplett gedimmt. Leiser gedreht. Bis sie stumm war. Heute weiß ich, dass sie immer da war, denn wir können sie nicht verlieren. Doch alles andere schien lauter, oder ich habe mehr dorthin gehört als auf meine Wünsche und Bedürfnisse. Diese

Welt, in der wir leben, ist laut. Ich habe auf die Meinung von anderen zu viel Rücksicht genommen, bin zu oft Kompromisse eingegangen. Meine innere Stimme hatte ich währenddessen unbewusst geparkt, habe sie zur Seite gestellt und ihr weniger Chancen gegeben. Kompromisse sind gut und vollkommen okay, sogar notwendig. Aber nicht, wenn du sie nicht mehr mit dir vereinbaren kannst.

Ich vermisste mich

Ich bin in diese Situation und in dieses Gefühl nicht von heute auf morgen hereingeraten, sondern schleichend. Ich habe den »Licht-/Ton-Schalter« nicht bewusst ausgemacht oder heruntergedreht, doch irgendwann nach so vielen ziellosen Diskussionen und Meinungsverschiedenheiten zu meiner Positionierung als Künstlerin spürte ich, dass ich einfach nur inneren Frieden wollte. Um das einmal zu verbildlichen: Ich habe mich gefühlt, als ob ich im Bett liege und vergessen habe, das Licht auszumachen. Ich lag da und hatte einfach keine Kraft mehr, aufzustehen, um immer und immer wieder neu den Licht-/Ton-Schalter anzumachen. Und irgendwann, ohne dass ich es selbst wollte, wurde es immer leiser in mir. Also habe ich mein Gefühl, meine Intuition und meine Stimme immer weniger wirklich für mich benutzt. **Die eigene Stimme nicht mehr zu benutzen, bedeutet auch, die eigene Stärke, die eigenen Sehnsüchte, das authentische Sein, die Identität zu ignorieren.** Das hat bei mir ausgelöst, dass die Stimme mich einfach verlassen hat. Sie drehte mir gefühlt den Saft ab. Buchstäblich. So stand ich eines Tages im Studio vor dem Mikro, und es kam kein Ton mehr heraus. Ich fühlte mich blockiert. Und was ich dann sang, das klang nicht mehr nach mir. Es ist das Schlimmste passiert, was ich mir je hätte vorstellen können. Meine Stimme war weg. Das war eine beängstigende Situation.

In meinem Leben und Berufsleben ist meine Stimme das Wertvollste. Dabei geht es um beide meiner Stimmen, um die Gesangsstimme und meine innere Stimme – die Intuition in mir. Sie hilft uns enorm, Entscheidungen zu treffen, und flüstert uns etwas zu, wenn wir gerade nicht aufpassen. Die innere Stimme nicht mehr wahrnehmen zu können, wenn Grenzen überschritten werden, hat etwas mit Selbstvertrauen zu tun, weil man das Vertrauen in die Hände von anderen Menschen gibt, meistens deswegen, weil man sich selbst nicht mehr vertraut.

Ab da wird es schwierig. Wenn man sich selbst respektiert, hat die eigene Stimme Priorität, sie sitzt in vorderster Reihe. Es ist manchmal nicht so einfach zu unterscheiden, wann das Ego sich einschaltet und was wirklich die pure innere Stimme ist. Intuition ist für mich ...

➻ ... die Stimme, die zuerst in dir spricht.
➻ ... die Stimme, die sanft und leise ist.
➻ ... die Stimme, die keine Angst hat.
➻ ... die Stimme, die dir ein gutes »Bauchgefühl« gibt.
➻ ... die Stimme, die vertraut.

Vertraue dir selbst!

Es ist sehr menschlich, dass man anderen vertrauen möchte. Auch wenn ich mich damit nicht immer so einfach tat. Schon als kleines Mädchen, erzählte mir meine Mutter, war ich eines der Kinder, das nie gleich zu anderen hinrannte, sondern immer erst einmal beobachtet hat.

Neben dem Vertrauen zu anderen ist jedoch noch entscheidender, zuallererst sich selbst zu vertrauen. Ich bin dankbar, dass ich dieses Schutzgefühl meines Urvertrauens in mir hatte, das mir das Gefühl schenkte: **Das Leben ist auf meiner Seite, immer!** Das hat mich wie gesagt lange Jahre sehr gut durch die Musikbranche gebracht, und ich würde sagen, auch getragen. Ich wusste ganz genau, was ich wollte und was gut für mich ist. Und es war stimmig: Mir ist nie etwas wirklich Schlimmes passiert, und habe mich von vielem, das um mich herum geschehen ist, auch nicht zu sehr beeinflussen lassen und es nicht zu nah an mich herangelassen. Dafür bin ich sehr dankbar.

Wir haben nur eine Intuition und ein Selbstvertrauen. Wir können nicht jeden Tag sagen: Welche nehme ich heute?

Mein Selbstvertrauen habe ich irgendwann dann einmal zu oft mit dem »Ich vertraue den Leuten jetzt mal und lass sie einfach machen« ausgetauscht. Doch das wurde an vielen Stellen zu übergriffig, wenn es um meine Texte, meine Musik, meine Ausrichtung ging. Mein ganzes Ich. Ich kam gar nicht mehr als der Mensch vor, der ich wirklich bin. Ich vermisste mich. Ich versuchte, allem gerecht zu werden, doch spürte ich auch, dass ich das nicht konnte.

Die Kunst als Job

Das Gefährliche an meinem Job ist, dass sich alles vermischt. Wenn meine Mutter früher von der Arbeit gekommen ist, dann hat kein Telefon von ihr mehr geklingelt. Sie war voll und ganz da. Wenn mir um 21 Uhr jedoch ein Song geschickt wurde, damit ich ihn mir anhöre und sobald wie möglich freigebe, dann stand ich im Restaurant auf und sagte zu meinen Freundinnen: »Entschuldigt, ich muss mich um etwas kümmern.« Dann war der Abend nicht mehr privat, sondern ich hing mit meinem Ohr am Handy, tippte Nachrichten und dachte darüber nach, was bei dem Song noch verbessert werden könnte. Ich war weder richtig bei meinen Freundinnen noch im Studio. Ich hing dazwischen und wurde niemandem gerecht. Bei mir sind die Ebenen vermischt. Ich habe keine festen Arbeitszeiten, was auch sehr schön ist. Dafür habe ich nie wirklich frei. Ab dem Moment, ab dem meine Mutter ihren Schreibtisch verließ, zog sie gefühlt ihre Arbeitskleidung aus. In meinem Fall gibt es keinen klassischen Schreibtisch und kein Produkt. Das Produkt bin ich, und egal, wo ich bin, ist mein Schreibtisch. Mein Job ist immer da und hört nie auf, vor allem im Kopf. Er ist meine Identität geworden, was sich als Künstlerin gar nicht vermeiden lässt. Wenn es also Unsicherheiten im Job gibt, dann wirkt sich das auch auf mich aus – und umgekehrt. Deshalb musste ich lernen, Grenzen zu ziehen.

Natürlich bin ich heute auch noch immer mal wieder dauererreichbar, denn ich komme da manchmal einfach nicht drumherum. Doch habe ich nun ein liebevolles Team an meiner Seite, mit dem ich mich gegenseitig daran erinnere, dass für heute Schluss ist und wir auch einmal Freizeit haben dürfen.

Für meinen Beruf braucht man sehr viel Energie, jeden schwachen Moment spürt man gerade, wenn man auf Tour oder am Set mit vielen Menschen ist – es ist sehr wichtig, ein gesundes Privatleben zu haben, das dir Bodenhaftung gibt und bestenfalls nichts mit deinem Job zu tun hat. Denn ein Künstlerleben ist meines Erachtens ein sehr ichbezogener Beruf. Es liegt in der Natur der Dinge, über Songs und Outfits nachzudenken. Da du ständig Bilder von dir selbst siehst, erzählst du natürlich auch viel über dich. Das Schöne an der Band war, dass es sich aufgeteilt hat, aber als Solokünstlerin drehte sich plötzlich alles nur noch um mich – und um die Identität, die andere mit mir aufbauen wollten, wodurch ich manche Dinge persönlich nahm. Davor kann ich mich natürlich schützen, aber die Haut darf auch nicht zu dick sein, weil ich das Gefühl für meine Kunst brauche. Wie du sicherlich selbst spürst: Es ist sehr komplex und auch ein wenig ein Teufelskreis. **Ich möchte soft bleiben, egal, wie hart es um mich herum ist!**

Weißt du noch, wer du warst, bevor dir alle gesagt haben, wer du zu sein hast?

Hast du schon einmal das Wort »Gegenbeispielsortierer« gehört? Ich hatte es bis vor ein paar Jahren nicht! Hier einmal eine kleine Beschreibung: Als Gegenbeispielsortierer bezeichnet man jemanden, der in verschiedenen Lebenslagen natürlicherweise die Gegenposition wählt. Kinder, die am liebsten das machen, was man ihnen verbietet, haben diese Eigenschaft. Auf gut Deutsch: Gegenbeispielsortierer müssen immer alles anders machen.

Ich erfuhr von dieser Definition in einem meiner Coachings. Und tatsächlich habe ich seit klein auf immer das Gegenteil von dem gemacht, was man so allgemein machte oder von mir erwartet hat. Wenn etwas Trend war, habe ich mich unbewusst dagegen entschieden, und heute verhalte ich mich noch immer so. Unbewusst, doch seit ich es weiß, auch bewusst, aber inzwischen nehme ich es mit einem Schmunzeln.

Natürlich können wir Menschen nicht immer nur das machen, was wir möchten, es gibt gewisse Regeln, an die man sich halten sollte. Doch hin und wieder ist es ein schmaler Grat zwischen dem Müssen, Sollen und Können.

Ich zum Beispiel habe mir sehr früh Verbote und Regeln aufgestellt und mir eingeredet, dass man bestimmte Dinge von mir erwartet (und vielleicht hat man das auch). Aber die Erwartung hat etwas mit dem Menschen zu tun, der erwartet, und nicht mit dem, der erfüllen muss.

Ich weiß, dass sich viele fühlen wie ich. Es ist nicht wichtig, ob du in der Öffentlichkeit stehst oder deine Realität eine andere ist. Mir kommt es oft so vor, als ob gerade wir Frauen vermittelt bekommen, gefallen zu müssen, nicht zu laut zu sein, nicht zu sehr für das zu kämpfen, was wir als richtig ansehen.

Wenn die perfekte Frau beschrieben wird, hören wir oft, sie soll schön sein. Dazu noch gebildet, eloquent und charmant. Bitte sportlich, aber nicht zu muskulös, freundlich, aber nicht aufdringlich. Sie sollte wissen, was sie möchte, aber nicht zu emanzipiert sein, denn das ist auch unattraktiv. Humorvoll nicht zu vergessen und natürlich liebevoll. Sie soll zwar unabhängig sein und ihren eigenen Job haben, aber auch ein Familienleben wollen. Außerdem sollte sie nichts vergessen – außer sich selbst manchmal. Jedenfalls passiert Letzteres unweigerlich, sollte sie diesem überholten Bild gerecht werden wollen.

Also bitte, ihr Frauen da draußen, hört auf Superwoman sein zu wollen. Denn: Es gibt nichts Attraktiveres als eine Frau, die für das kämpft, was sie für richtig hält.

Nur du prägst, wer du sein möchtest.
Nur du entscheidest, welche Frau du sein möchtest.
Du kannst aber musst nicht alles sein.

Welche Frau möchtest du sein, und welcher Vision bleibst du treu? Das liegt in deiner Hand. Auch ich durfte lernen, wer ich bin, wenn ich die Maske und das Mikrofon zur Seite lege. In einem Buch las ich einmal eine Passage, die mich sehr zum Nachdenken brachte, vielleicht macht sie auch etwas mit dir: »Wer bist du, wenn du alles ablegst? Wer bist du, wenn du deinen Job nicht hättest? Wer bist du, wenn du in den Spiegel schaust?«
Und magst du die Person, die du siehst? Wenn wir zu lange nur noch auf der Rückbank sitzen und das Steuer jemand anderem

überlassen, kann es passieren, dass wir von unserem Weg abkommen, uns leer fühlen und dieser Kontrollverlust zu Panik führt. Diese kann sich in unserem Körper etablieren, und selbst den unabhängigsten Frauen kann es passieren, dass sie plötzlich eine Angst vor dem Leben bekommen. Sich nicht gut genug fühlen. Nur wir selbst wissen, in welche Richtung wir fahren müssen. Sehr gern können Menschen mitfahren. Aber: **Das Lenkrad bleibt in deiner Hand!**

The Way I like it ... but in another Way

Schon als kleines Mädchen habe ich die Weite gesucht und mochte keine engen Räume oder Fahrstühle. Ich hatte das Gefühl, frei sein zu müssen und keine Limitierung zu spüren. Ich wollte die Welt sehen, ins Ausland gehen, andere Musikstile spüren, andere Menschen und Kulturen kennenlernen. Ich wollte schon immer mehr verstehen und sehen als das, was ich kannte.

Meine Freundin sagte einmal zu mir, ich sei lebenshungrig und ginge mit offenen Augen durchs Leben. Ich denke, wir sollten immer hungrig auf das Leben bleiben und uns das auch nie nehmen lassen, denn es lässt uns in den Momenten, die sich schwierig anfühlen, alles mit einem tieferen Sinn betrachten. **Du weißt nie, was für dich um die Ecke bereitsteht.**

Und deswegen ist es so wichtig, jede Erfahrung als eine wertvolle Erfahrung anzusehen. Manche Lebenserfahrungen sind klare Sackgassen, die für uns wegweisend sind, einmal die komplette Richtung zu verändern, denn für mich persönlich ist das Schlimmste im Leben, stehen zu bleiben. Wenn du nicht weißt, wohin dein Weg geht, fang einfach an zu laufen, irgendwo in irgendeiner Seitenstraße wird es wieder eine neue Straße geben und irgendwo eine Tür, die offen steht, durch die du gehen musst.

Ich möchte dir eine Sache mit auf deinen Weg geben, wo auch immer du gerade in deinem Leben bist. Ob in einem Beruf, der dich nicht glücklich macht, einer Beziehung, die dich nicht erfüllt oder an einem Ort, der sich nicht nach deinem anfühlt. Bleib dort nicht! Steh auf, und lauf los. **Lauf in das Leben, das für dich bereitsteht. Gib dich nie mit dem zufrieden, was dir innerlich nicht wirkliche Zufriedenheit schenkt.** Und lass dich auf deinem Weg nicht stoppen, egal von wem. Auch nicht von den Menschen, die dich liebhaben und nur das Beste für dich wollen. Sie haben eine andere Geschichte und können vielleicht nicht jeden Schritt deines Lebens und den Wunsch nach mehr verstehen. Aber du allein bist die Erschafferin oder der Erschaffer deines Lebens. Und manchmal heißt das auch, etwas ganz allein zu starten. Was auch immer das ist. Do it! Und zwar jetzt! Setz dich heute hin, und schreibe auf, was du dir für dein Leben wünschst, und mache jeden Tag etwas, was dich ein klein wenig mehr in die Richtung deines Traumlebens bringt.

Das Alleinsein kann einem manchmal Angst machen, aber auch die Zeit allein mit sich ist so wertvoll und wichtig. Um ehrlich zu sein, liebe ich es. Ich bin so unglaublich gern allein. Ich finde immer etwas, um mich zu beschäftigen, aber ich liebe auch die Ruhe. Wenn du wirklich etwas möchtest, dann hole es dir. Kämpfe dafür. Manchmal ist der Anfang schwierig, aber alles, was einfach zu bekommen ist, ist auch ganz einfach und schnell wieder weg. **Die Dinge, die schwerer zu bekommen sind, haben ein ganz anderes Fundament in dir. Nicht nur, dass du es mehr zu schätzen weißt, diese Erfahrungen vollenden deine Identität.**

Vielleicht lebst du gerade ein Leben, welches nicht für dich ist, und denkst dir, hier wegzugehen? Alles hinter dir zu lassen? Aber du hast dir doch alles aufgebaut? Ja, und du kannst es dir überall wieder neu aufbauen! Wenn du es natürlich möchtest – alles ist abhängig davon, welches Leben du dir für dich wünschst!

Und manchmal muss man im Leben wieder komplett neu anfangen. Wenn du dich an solch einem Zeitpunkt befindest, ist jetzt der Moment, die Tränen wegzuwischen, dein Leben in die Hand zu nehmen und dir ein komplett neues aufzubauen, was dir eventuell noch eine viel größere Erfüllung schenkt, auch wenn es sich gerade noch nicht danach anfühlt. Das Leben spielt ganz schöne Tricks mit uns, aber erinnere dich immer daran, woran ich als Kind dachte: **Das Leben ist auf deiner Seite!**

Während ich diese Zeilen gerade schreibe, sitze ich in einem Café in Mailand. Ich befinde mich gerade dabei, mein Leben in einem anderen Land aufzubauen. Sind da manchmal Zweifel? Oh ja! Fühle ich mich manchmal allein? Ja. Aber ich bin lieber allein an einem Ort, der mir Zukunft schenkt, als an einem Ort, bei dem ich nur aufgrund meiner Vergangenheit bleibe.

Ich denke, je älter wir werden, umso mehr finden wir unsere Wurzeln. Ich habe in vielen verschiedenen Städten und Ländern gelebt. Von Mannheim Bürstadt, London, Los Angeles, Madrid, Berlin, Frankreich bis Italien. Ich dachte immer, ich werde einmal in den USA mein Leben haben. Doch auch wenn meine Zeit in L.A. für mich eine der bedeutungsvollsten meines Lebens war und ich immer wieder sehr, sehr gern dort hinreise, weiß ich, dass ich einen Ort mit einer tieferen Verbindung für mich brauche, um dort auch irgendwann eine Familie zu gründen und alt zu werden.

Wenn ich durch italienische Straßen laufe, dann sehe ich nicht nur meine Zukunft, ich fühle mich verstanden und gesehen, spüre meine Vergangenheit. Ich sehe und höre meine kleinen Cousinen und Bilder meiner Kindheit in Kalabrien. Dort habe ich jeden Sommer verbracht. Nach Italien zu ziehen fühlt sich ein klein wenig an wie ein Nachhausekommen.

Oft habe ich mich gefragt, ob es berufsbedingt nicht besser wäre, permanent in Deutschland zu sein. Doch heute bin ich mit meiner Entscheidung, ein Leben in Italien aufzubauen, sehr klar. An erster Stelle müssen wir den Menschen in uns glücklich machen, denn je nachdem, was wir beruflich machen, können wir auch die Künstlerin sein, die andere begeistert, und das Glück, das wir in uns spüren, auch teilen.

»Das Privileg deines Lebens ist es zu werden, wer du wirklich bist!«
Carl Gustav Jung

Ich muss diesen Weg allein gehen

2014, als ich 24 Jahre alt war, habe ich mich auf den Weg nach Los Angeles gemacht. Weil ich das Gefühl hatte, dass ich aus meiner Komfortzone rausmusste. Ich hatte eineinhalb Jahre davor den Label-Deal mit der EMI aufgelöst, um mich ein wenig auf mein Privatleben zu konzentrieren. Leider war mein Privatleben dann weniger privat.

Ich trennte mich von meinem damaligen Management, machte keine neuen Zusagen und buchte noch in der Nacht einen Flug nach L.A.. Zu diesem Zeitpunkt hatte ich fünf Alben in sieben Jahren produziert und 1,8 Million Tonträger bisher verkauft. Mandy Capristo hatte ihren Stempel als Künstlerin. Genau das wollte ich nicht mehr. Ich wollte mein Leben auf einer anderen Basis gestalten, vor allem meine Musik. Meine Kunst. Auf einer puren Ebene. Ich wollte ein weißes Blatt neu bemalen. Ich war daran gewöhnt, dass Albumaufnahmen innerhalb von zwei Wochen stattfanden. Nachtproduktionen, und alles immer unter komplettem Hochdruck. Das wollte ich nicht mehr. Ich wollte gern, wie man in den USA sagt, »from scratch« starten. Ohne Einflüsse, ohne Vorurteile. Ich wollte meinen eigenen Sound finden und mir als Künstlerin die Freiheit geben und als Mensch die Privatsphäre. Glaub mir, wenn ich mir irgendetwas gewünscht habe, dann war es Privatsphäre. Ein Grund, warum ich mein Privatleben heute so privat wie möglich halte.

Was meine musikalische Identität geprägt hat

Pop ist mein Zuhause, doch ich liebe auch Genres wie Jazzmusik, Soul, Gospel sowie alte Filmmusik. Schon seit meiner Kindheit, was auch familiär bedingt ist. Meine Cousine mütterlicherseits heiratete einen US-Soldaten. Die Familie lebte in Mannheim auf der Militärbasis, wo wir sie oft besuchten. Da dort alle Familien aus den USA stammten, war es wie ein kleines Dorf mitten in den Staaten. Selbst die Spielplätze waren anders. Ich genoss die gemeinsamen Barbecue-Nächte und natürlich die Musik, die so ganz anders war als alles, was ich bisher kannte. Sie haben ihre Soul-, R'n'B- und Gospel-Musik aus den USA gehört, und so kam es, dass ich sehr früh eine Liebe für diese Stile entwickelt habe. Diese Zeit hat mich geprägt, meinen Musikgeschmack und meine Stimme geformt. Es gab Karaoke-Abende, an denen ich immer nur dasaß und beobachtet habe, wie sie mit ihrer Stimme umgehen. Das hat mich total fasziniert. Warum können die alle so gut singen? Wir haben Bands gegründet und getanzt, bis es dunkel wurde. Ich wollte nie nach Hause. Wenn ich dann daheim war, habe ich jede Note von Whitney Houston nachgesungen und bin meinem Bruder damit ziemlich auf die Nerven gegangen.

An diesem Ort habe ich mich verstanden und verbunden gefühlt. Ich wusste, irgendwann werde ich in die USA gehen und meine Songs dort schreiben. Ich habe mich immer als Songwriterin in den USA in einer Jazz-Bar gesehen. Und so schrieb ich in den Jahren 2014/2015 alle meine Songs auf dieser Basis.

Bleib deiner »Harmonie« treu

Die besten und inspirierendsten Momente entstehen immer da, wo wir uns am gelassensten fühlen, wo wir uns gesehen fühlen, wo wir uns frei fühlen und wo sich das Leben einfach nur pur anfühlt. Wo nichts Pures ist, kann auch nichts Pures entstehen. Deswegen ist das Umfeld nicht weniger wichtig als das, was wir in uns aufbauen. Heute wissen wir, wie wichtig Energie ist, auch die Energie anderer Menschen, und dass wir uns nicht nur in uns wohlfühlen sollten, sondern auch mit allem Drumherum. Doch wie kommen wir zu diesem inneren Ort, diesem puren Gefühl wieder zurück? Und wenn wir dieses pure Gefühl noch nie in uns hatten, wie können wir es lernen? Ein pures Gefühl, befreit von Ängsten, Sorgen, Zweifeln.

Ich spreche nicht von dem kommerziellen, nach außen hin immer »perfect happy Life«, das ist für mich kein realistischer Ansatz. Ich spreche von purer innerer Zufriedenheit. Vom Gefühl, am richtigen Ort zu sein. Oft ist es das Grundgefühl, am falschen Ort zu sein, noch nicht genug gemacht, gesehen, erreicht zu haben, und wir bewerten unsere Identität oft nach dem, was wir *nicht* erreicht haben. Die Angst, dass wir das Glück, das andere angeblich haben, verpassen. Woher kommt all das? Woher kommen diese Ängste? Woher kommt diese Ungewissheit? Woher kommt das Gefühl, nicht genug sein? Oder auch, dass einige Menschen nicht wissen, wohin sie wirklich gehören, wenn sie all das mal ablegen, was man von ihnen erwartet. Woher kommt dieses grundsätzliche Gefühl, das so viele Menschen in sich spüren? Dass sich »genug« eigentlich nach

»nie genug« anfühlt, und damit meine ich nicht nur uns selbst, sondern unser Leben, unsere Lebensstile, das *Sein*. Warum ist das Gefühl von »Zufriedenheit« so ein seltenes geworden?

Noch keinen Plan, aber intuitiv am richtigen Ort

Ich wollte also als unbekannte Künstlerin Songs in L.A. schreiben und »from scratch« produzieren. Niemand sollte meinen Namen und vor allem nicht meinen Sound kennen, damit sich nicht alles so anhört wie davor. Ich wollte mir das zurückholen, was ich mit 16 nicht mehr hatte: meine eigene Identität, meine Freiheit und mein unbeschriebenes Blatt. Jeder in der Branche hatte eine Meinung über mich und sah in mir eine inszenierte Popprinzessin. Doch es gab und gibt noch so viel mehr, was die Leute nicht von mir kannten und heute noch nicht kennen.

Und aus diesem Grund wollte ich bewusst alle meine deutschen oder amerikanischen Kontakte nicht benutzen. Ich wollte neue Menschen, neue Künstler, neue Produzenten treffen, die mich als »Mandy« kennenlernen, ohne irgendetwas über mich zu wissen. Ich wollte mich auf einem puren Level mit ihnen über Musik austauschen und Seiten an mir entdecken, für die ich vorher so nie wirklich Zeit hatte. Ich bin sehr dankbar, dass ich diesen Schritt damals gegangen bin – allein. Ich wusste, diese Reise und dieser Ansatz würden meiner Kunst die Tiefe schenken, die mir fehlte.

Manchmal braucht es im Leben den Reset-Button, und den hatte ich für mich gedrückt. So saß ich also mit meinem Koffer allein in einem Hotelzimmer. Ich hatte keinen durchstrukturierten Plan, wie ich das früher kannte, doch genau das spornte mich so an. In meinem »Koffer« waren meine Stimme und meine Vision – bei allem anderen vertraute ich, dass es sich schon fügen würde. Denn schließlich hatte meine Intuition beschlossen, in die USA zu gehen.

Die ersten Tage schlenderte ich durch die Straßen, um mich inspirieren zu lassen. L.A. hat den Spirit, dass alles möglich ist, ein Gefühl, das wir eigentlich alle immer in uns tragen sollten. Gerade wenn man kreativ arbeitet, ist es essenziell, an einem Ort zu sein, der einen inspiriert, der etwas mit einem macht oder an dem man sich einfach nur wohlfühlt.

Und so passierte es, dass ich von einer deutschen Kollegin (sie lebte damals in den USA) auf der Straße erkannt und in eine Session eingeladen wurde. Von dieser bin ich dann wieder in eine nächste Session gegangen. Ich hatte das im Gefühl und wusste, es ging nicht darum, »wie es passiert«, sondern »wann es passiert«. Was auch immer wir in unserem Leben vorhaben, es geht nicht darum, alles schon vorab bis ins Detail zu wissen. Es geht darum, den ersten Schritt zu machen, alles andere wird sich irgendwie fügen. Manchmal, wenn man für sich am richtigen Ort ist, dann leitet einen das Leben immer mehr in die richtige Richtung. Ganz wichtig: Hab immer Vertrauen, und verlier dein Ziel nicht aus den Augen.

L.A. hatte mich nicht nur musikalisch mehr an mich selbst herangebracht. Auch ich als privater Mensch habe mich sehr schnell sehr entspannt gefühlt, obwohl ich viel gearbeitet und die meiste Zeit im Studio verbracht habe. Ich fing an, weniger Make-up zu tragen oder war ganz ungeschminkt. Ich lief, so oft es ging, barfuß oder in Flip-Flops, weil meine Füße müde von den High Heels waren. Ich hörte nur noch Musik, die sich gut anfühlte und mich inspirierte: India Arie oder Ella Fitzgerald haben mich durch den Tag begleitet. Mein Morgen begann mit Gospel und Jazz. Je mehr sich herumgesprochen hatte, dass ich an neuer Musik arbeitete, umso mehr haben sich die Produzenten mit meiner alten Musik beschäftigt. Und so wiederholte sich der Moment, als ich ins Studio kam und sich die Beats und der Sound nach »The Way I like it 2.0« angehört haben. Irgendwann sagte ich zu meiner Kollegin: »Wie kann ich denn vermeiden, dass sie aufhören, sich an meinem alten Sound zu inspirieren? Wir brauchen etwas Neues!«

Aus Spaß sagte ich bei der nächsten Session: »Mein Name ist Grace.« Das war anfangs keine strategische Idee. Die einzige Strategie war, dass ich einen ganz neuen Sound wollte ohne Einfluss oder vorherige Google-ergebnisse über mich – ich wollte einen Sound kreieren, der auf der Basis entstand, dass sie mich als Mensch kennenlernten.

Was die Zeitungen danach draus machten, war mir eine große Lehre: »Grace« hatte für mich nie einen Zusammenhang mit »Grace Kelly«, obwohl ich die Frau mehr als bewundere. Grace ist mein zweiter Vor-name, den mir meine Eltern gegeben haben, da meine italienische Nonna Graziella hieß. Die Songs, die in der L.A.-Zeit entstanden, hat-ten einen großen italienischen Einfluss und eine sehr private Mandy in den Lyrics.

So kam es, dass mein fester Produzent damals sagte: »Warum ver-öffentlichst du nicht unter Grace?« Ich war anfangs skeptisch und sagte genau das, was im Nachhinein passiert war. »Die Leute werden denken, ich sei verrückt geworden, ich denke, der Sprung ist zu groß – sie ken-nen mich als Mandy Capristo, jetzt als Grace Capristo zu gehen, ist bestimmt eher verwirrend« – doch irgendwie mochte ich die Idee. Dieser Reset-Button tat mir gut. Nicht dass ich die Musik und mein Album davor nicht gemocht hatte oder damit nicht assoziiert werden wollte, gar nicht. Ich wollte mich einfach künstlerisch auf eine andere Ebene bringen. Auch wenn meine »Grace-Ära« für den ein oder anderen nicht verständlich war (was ich, wenn ich mich in ihre Lage versetze, nach-vollziehen kann). Aber für mich hat diese Zeit unglaublich viel Herz und Seele. Die Zeit in L.A. war wertvoll für mich als Künstlerin und als

»private Mandy«. Sie schenkte mir etwas, was ich mir lange gewünscht hatte: Privatsphäre.

Über die Identität, die andere für dich haben

Mir ist es wirklich sehr, sehr wichtig, noch einmal zu erwähnen, wie sehr ich meinen Job als Sängerin und Künstlerin liebe und wie dankbar ich bin für all die Menschen, die mich auf meinem bisherigen Weg unterstützt haben und unterstützen werden. Ich hoffe, das kommt zwischen den Zeilen durch. Doch mir ist auch sehr wichtig, dir mehr von meiner Geschichte zu erzählen. Mehr als das, was du aus der Öffentlichkeit kennst, was du auf den sozialen Netzwerken siehst und was du bisher gelesen hast. Es ist mir wichtig, dir einen Einblick zu geben, wie mein Leben hinter den Kulissen abläuft, nicht nur, um mich als Menschen besser zu verstehen oder erst richtig kennenzulernen, sondern auch um eventuell den ein oder anderen Blickwinkel zu ändern. Der auch bei mir geändert wurde, durch all die Menschen, die ich auf meiner Reise kennenlernen durfte. Ich könnte dir jetzt ein Buch darüber vollschreiben, wie wundervoll das Künstlerleben ist, das ist es wirklich, ich bin mir meiner Privilegien mehr als bewusst und gehe sehr dankbar damit um. Doch ich möchte dir auch auf den Weg mitgeben, dass in deinem Leben ganz viel Segen ist, und nur weil manche Menschen als »Stars/Vorbilder« betitelt werden und deren Leben nach »The Ultimate Goal, the Ultimate Life« ausschauen, gibt es ganz viel, das du in deinem Leben hast, was sich einige davon wünschen würden. Und auch wenn du täglich keine 100 Kameras um dich herum hast, du bist für ganz viele Menschen tagtäglich ein Vorbild. Denn du zählst, wer du bist als Mensch – nicht, was du tust.

Ein großer Grund, warum ich damals so großen Wert auf Abstand gelegt habe, war mein Privatleben. Zu dieser Zeit habe ich in einer sehr öffentlichen Beziehung gelebt. Es fühlte sich an, als wäre es nicht nur wichtig, was meine Eltern, meine Familie und Freunde darüber denken, jeder hatte eine Meinung dazu. Was sehr gefährlich ist, denn in einer Partnerschaft sollte es nur um zwei Personen gehen und um die Liebe selbst. Doch dieses öffentliche Bild hat mich über Nacht in eine sehr limitierte Box gesteckt und hat mir als sehr unabhängige Frau den Titel »die Freundin von« gegeben. Nicht nur dieser Titel änderte sich, über Nacht änderte sich gefühlt auch mein Image, was für mich schwer zu verstehen war, denn eine Beziehung zu einem Menschen verändert doch nicht mein Wesen, meine Einstellung, meine Werte. Meine Gegenwart verändert doch nicht all das, was ich die Jahre zuvor geleistet habe. Der Verzicht, den ich in meiner Jugend bezüglich vieler Dinge erlebt habe. Ich habe das so öffentlich noch nie ausgesprochen, doch es war für mich eine sehr bezeichnende Phase in meinem Leben. Sehr weit weg von dem Menschen, der ich bin, der ich war und die Frau, für die ich hart gearbeitet habe zu sein. Und immer sein werde. Unabhängig. In dieser Zeit musste ich sehr stark lernen, wie wichtig es ist, nicht zu vergessen, **dass deine Meinung über dich zählt und nicht die Meinung anderer Menschen.** Denn die Menschen, ob öffentlich oder kein öffentliches Leben, kennen oft nur zehn Prozent der eigentlichen Wahrheit. Wir wissen wie gesagt nie, wie es hinter den Kulissen wirklich ausschaut. Wie glücklich ein Mensch ist oder womit er gerade zu kämpfen hat. Mein größter Kampf in dieser Zeit war, dass die Menschen nicht vergaßen, wer ich war, bevor ich in diese Beziehung getreten bin, und wer ich bin, welcher Mann auch immer mein Herz in der Zukunft bekommen sollte.

Es ist nicht immer einfach zu ignorieren, was Menschen über einen denken. Ein Gedanke, der mir geholfen hat, mich mit solchen Situationen anzufreunden, ist folgender: Das, was die Menschen auf dich projizieren, hat weniger etwas mit dem Menschen zu tun, der du bist, sondern sagt viel mehr über den Menschen aus, der diese Gedanken über dich hat. Denn wenn man möchte und sich das als Ziel setzt, kann man in allem und in jedem etwas Negatives finden und sich daraus eine Geschichte basteln. Doch die Geschichten der anderen Menschen haben mit deiner eigenen Geschichte nichts zu tun. Das Leben anderer Menschen ist auch nicht dein Business. Wir können nur beeinflussen, was wir denken, was wir tun, und wir haben nur eine einzige Sache wirklich in der Hand: Den Stift, um unsere eigene Geschichte zu schreiben!

You get what you attract

Und so saß ich da und schrieb und schrieb meine eigenen Songs. Ich wusste, ich war am richtigen Ort für das, was ich gesucht hatte. Umso mehr Zeit ich in L.A. verbrachte, umso klarer wurde mir, dass es nicht stimmte, wenn die Menschen über L.A. sagten, »man müsse sehr vorsichtig sein, weil alles hier nur oberflächlich sei«. Ich bin mit einer klaren Einstellung reingegangen und sagte mir: Ich suche Tiefe, und ich werde Menschen finden, die diese Tiefe haben. Und so war es auch. Dazu passt ein Satz, den wir alle kennen: You get what you attract. Natürlich passieren einem im Leben auch Dinge, für die man nichts kann, doch ich denke, dass man immer sehr vorsichtig sein sollte mit dem, was man ausstrahlt und wie man Menschen begegnet. Hast du eine negative Einstellung, dann passieren dir auch negative Dinge.

Als ich 2015 meine zweite Reise nach L.A. buchte, hatte ich schon mehr Klarheit über das, was ich suchte und brauchte. Es war mir nicht nur wichtig, mich von Menschen aufgefangen zu fühlen, ich wollte auch an einem Platz aufwachen, der mir dieses pure Gefühl am Morgen schenkte. Ich hatte genug »fancy« Hotels auf der Welt besucht. Alles schön und gut, doch manchmal braucht man Realness. Ich auf jeden Fall! So suchte ich mir eine umgebaute Garage in einem Garten, die ich auf Airbnb buchte. Schon auf den Bildern gab sie mir genau das, was ich brauchte. Einen gemütlichen Ort zum Schreiben.

Und genau so einen Ort habe ich mir gerade wieder zum Schreiben gesucht. Diesmal nicht in L.A., sondern in Italien. Eine kleine Pension in der Nähe vom Comer See. Hier schreibe ich diese Zeilen meines Buches. Hier gibt es nicht viel außer Kühe, Natur, die frischeste Luft, die wir in diesem heißen Sommer erleben, und das gefühlt einzig Elektronische hier ist mein Laptop.

Immer wenn ich an diese »puren Orten« gehe, bin ich nicht nur am meisten bei mir. Mir passieren die wundervollsten Dinge. Ich habe das Gefühl, das entsteht, weil wir uns auf das Wesentliche konzentrieren. Meine Gedanken driften ein wenig ab, aber jetzt kommt mir ein Satz von einer meiner Lieblingsautoren Pam Grout in den Kopf. Sie würde jetzt sagen: »Pures zieht Pures an.« Um ganz genau zu sein, ist das mit der Quantenphysik bewiesen. Ihr Buch »E²: Wie Ihre Gedanken die Welt verändern« hat auch meinen Blickwinkel verändert. Hier kannst du auch noch einmal mehr über das Thema Quantenphysik lernen. Sehr spannend.

Jetzt aber zurück zu meiner Garage. Also, genauer gesagt die Garage von Elisabeth und Ken, ihnen gehörte dieses umgebaute Airbnb, und sie wohnten mit auf dem Grundstück. Elisabeth und Ken haben meine ersten Monate in L.A. zu einer der schönsten Zeit gemacht, die ich mir hätte wünschen können. Sie haben sich um mich gekümmert wie Eltern, haben mir einen frisch gepressten Saft vor dir Tür gestellt und mir viel

über die USA und die amerikanische Musikbranche beigebracht. Wie
der Zufall es wollte, oder wie das Universum es wollte, war Elisabeth
nicht nur ein wundervoller Mensch, sie war auch noch Gesangslehrerin.
So übte ich mit ihr meine Songs, stellte ihr meine neu geschriebenen
Songs vor und unterhielt mich mit ihr bis in die Nacht über die Musik.
Das sind genau die Momente, die uns zeigen: Wenn du mutig bist und
dich auf deinen Weg machst, belohnt dich das Leben und hilft dir Schritt
für Schritt.

Ich hatte endlich ein Gefühl dafür bekommen, wie es ist, dem
Hamsterrad zu entkommen. Ich war da so früh reingeraten, und irgendwann war es das einzige Leben, das ich kannte. Meine ganze Jugend.
Es wurde zu einem großen Teil meiner Identität. Es erforderte viel
Reflexion, um aus dieser Box mit dieser antrainierten Wahrheit wieder
herauszutreten. Aber genau das wollte ich. Ein Leben und eine Identität, die ganz allein von mir definiert ist, und dafür musste ich viel Zeit
allein mit mir verbringen, doch genau dadurch habe ich mich so viel
besser kennengelernt.

L.A. hat mich jung und frei sein lassen, mir die Momente geschenkt,
die mir gefehlt hatten. Ich machte die normalsten Dinge. Ich ging aus,
ohne dabei beobachtet zu werden, trank das erste Mal richtig Alkohol,
mit 24 Jahren, ging auf Konzerte, tanzte mitten in der Menge, sprach mit
irgendwelchen Fremden und erzählte ihnen mit einer Pina Colada zu viel,
dass ich Innenarchitektin sei, und meine Freundinnen und ich gaben uns
an jedem Wochenende eine neue Identität.

Ich erlaubte mir, einfach an erster Stelle Mensch zu sein. Ein ganz nor-
males 24-jähriges Mädchen, dessen Fokus es war, die Songs ihres Lebens
zu schreiben, und die währenddessen Menschen kennenlernte, die ihr
Leben um einiges veränderten. Natürlich war es eine Ehre, dass ich mit

Drake im Studio stand, dass ich kurz davor war, von Timbaland gesigned zu werden und dass ich am Nebentisch neben meiner allerliebsten Cindy Crawford im Restaurant saß, während ich mit Timbaland Dinner hatte. Ich war so nervös wegen Cindy Crawford, dass kein Raum war, wegen Timbaland nervös zu sein. Ich liebe sie! Aber aufregend war das natürlich alles schon sehr. Am meisten bedeutete es mir, dass sie mich alle wegen meiner Stimme ins Studio einluden.

Ein Gespräch oder besser gesagt einen ganz speziellen Menschen werde ich aber so schnell nicht vergessen: Josh! Während ich auf dem Weg zum Studio war, lief ich jeden Tag an einem Mann vorbei, der in praller Hitze auf einer Bank in der Sonne saß. Ich fragte meine Freundin Karmen jeden Tag, was er da wohl machen würde und warum er sich nicht in den Schatten setzen würde. Es ließ mich nicht los. Josh war ein Obdachloser. Wir haben uns jeden Tag begrüßt, und aus einem »Hi, Josh« wurden irgendwann lange Gespräche. Ich setzte mich einfach irgendwann dazu und fing an, mit ihm zu quatschen. Wir sprachen über Gott und die Welt. Er erklärte mir nie, warum er in der prallen Sonne saß, aber mein Gefühl sagte mir, er macht das, als würde er etwas absitzen. Ich dachte mir, wenn er möchte, wird er es irgendwann mit mir teilen. Irgendwann fragte er mich, was ich denn so mache. Ich erzählte, ich sei Sängerin. Da schaute er mich ungläubig an und meinte: »Warum redest du dann so lange mit mir? Du bist vom FBI!« Ich war sprachlos und lachte: »Nein, ich bin nicht vom FBI. Wie kommst du denn darauf?« Er verstand nicht, warum ich so gern einfach bei ihm saß. Er wollte nichts von mir, ich wollte nichts von ihm. Zwei Menschen, die sich über das Leben austauschen. So einfach war das für mich. Ich spürte zwar noch, dass er minimal misstrauisch war, aber wir mochten uns. Ich mochte ihn wirklich sehr. Josh hatte eine gute Seele, und die strahlte durch alles.

Als ich aus L.A. wegzog, war mein letztes »Goodbye« an Josh. Wir umarmten uns mit Tränen in den Augen, und ich lief heulend zurück nach Hause. Die Gespräche mit Josh haben mir viel mehr gegeben als jedes fancy Plätzchen in der Stadt. Ich las viele Bücher in der Zeit, aber nach den Gesprächen mit Josh hatte ich immer das Gefühl, noch mehr über die Welt gelernt zu haben

Ich dachte eigentlich, Josh nie wiederzusehen und nie wiederzuhören, aber Weihnachten 2015 bekam ich das schönste Weihnachtsgeschenk. Von Josh. Ich bekam eine Mail mit dem Betreff: »Merry Christmas, my friend!« Er wünschte mir ein gesegnetes Fest und bedankte sich für die besondere Zeit mit all unseren Gesprächen. Und er glaubt mir nun auch, dass ich nicht vom FBI bin. Er bekam dank mir wohl einen Computer von Chris Martin (Coldplay) geschenkt, wobei es zu mir tatsächlich keinen Zusammenhang gab, oder einen, den ich bis heute nicht verstehe – für mich zählte nur eins: die Mail von Josh. Danke, Josh!

Der wahre Erfolg ist die Erfahrung

Ich entschied mich, länger zu bleiben, und pendelte eineinhalb Jahre zwischen Deutschland und den USA. Ich mietete mir ein kleines gelbes Häuschen in den Hollywood Hills und produzierte final meine EP. Die Produktionen fühlten sich an, wie sich Musikproduzieren anfühlen muss – PUR! Es fühlte sich zum ersten Mal in meinem Leben rein, echt, leicht und natürlich an – wie Atmen! Ich erinnere mich an die Spaziergänge ins Studio, meistens barfuß. Ich war bei jedem Schritt bei mir. Ich fühlte mich frei. Ich konnte atmen. Tief atmen. Und ich konnte ganz befreit singen, wodurch sich meine Stimme auf einer ganz anderen Ebene mit mir verbunden hat. Meine Stimme hat neue Türen für sich entdeckt, und wir sind sie alle durchgegangen. Ich habe Songs produziert, die ihr genau den Raum gegeben haben, den sie braucht, um sich auszuleben, und somit mir selbst auch! Das habe ich für mich gesucht und gefunden und gelebt. Und genau dieses Ausleben ist für unsere Identität so wichtig. **Es ist so wichtig, dass wir nicht nur träumen, wer wir sein wollen, sondern dass wir unser Leben danach ausrichten, diese Person zu werden.**

Für mich fühlte sich diese Zeit an wie meine Jugend nachholen und zur jungen Frau heranwachsen im selben Moment. Nicht nur die Songs, die ich aus dieser Zeit mitgenommen habe. Wenn ich durch meine Wohnung laufe und mein Grammophon vom Vintage-Flohmarkt in L.A. dort stehen sehe, dann erinnere ich mich daran, an welche Plätze mich mein Leben gebracht hat und welche Reise das Leben mit mir vorhatte, um mir schon damals zu sagen: **Du bist auf dem richtigen Weg, ganz du selbst zu werden**.

Anderes Land, anderer Weg

Ich versprach mir, nur noch meiner eigenen Stimme zu folgen, und das tat ich auch – bis ich zurück nach Deutschland kam. Denn da hatte ich das erste Mal etwas gemacht, was ich nicht hätte machen sollen. Einige Erfahrungen hätte ich mir sparen können, aber man hat mir mal eine interessante These gesagt. **»Fehler wiederholen sich so oft, bis man daraus gelernt hat.«** Und so musste ich meine machen, vielleicht auch wiederholen, aber heute habe ich den Fehler korrigiert, und diese passieren mir nicht mehr so schnell. Ich habe mich gefühlt wie eine Maus, die immer wieder auf dieselbe Falle hereingefallen ist. Immer dann, wenn ich die Kontrolle aus meiner Hand gegeben habe. Mein Leben wollte wohl, dass ich einen kleinen Umweg gehe.

Beseelt kam ich also aus L.A. zurück – und veröffentlichte meine erste

Single *One Woman Army* in Deutschland. Ich spürte, dass die Fans sich erst einmal an den Sound gewöhnen mussten, die Labels den Sound jedoch nicht so sehr mochten, wie ich ihn mochte. Es war klar, der Sound war ihnen nicht kommerziell genug. Das jedoch war auch nie der Plan. Meine Vision war Filmmusik. Natürlich wurde die nicht wie meine vorherige Musik im Radio gespielt. Es war ein ganz anderer Ansatz, auch eine andere Form von Kunst. Es waren Einflüsse von Musik, die ich gern mag wie Jazz und unter anderem auch Rock-Elemente. Ich habe eine große Wertschätzung meiner Fans dafür gespürt, und noch heute freue ich mich, wenn sie mich nach der »L.A. EP« fragen. Heute hätte ich diese nach der Singleveröffentlichung genauso weiter released, nach meinem eigenen Plan. Damals gab es leider zu viele Menschen, die mich davon überzeugt haben, einen Switch zu machen. Das liest sich jetzt alles sehr schnell, dazwischen lagen jedoch Monate. Eine Sache, die auch nicht unwichtig ist: Alle Produktionen in L.A., vom Release bis zu denKostümen etc., habe ich selbst finanziert, und das war nicht wenig.

Heute ist es einfacher, eine Single hochzuladen. 2016 jedoch sah ein Single Release anders aus. Von TV-Promoter, Videodreh bis Produktion ... Wenn man ein unabhängiger Künstler ist, hat man zwar jede Freiheit, muss aber auch jeden Schritt selbst finanzieren. Jeder Schritt musste also gut überlegt sein. Ich wurde immer vorsichtiger mit meinen Entscheidungen.

Nachdem ich jahrelang alle Label-Angebote bezüglich deutscher Musik abgelehnt hatte, fand ich mich irgendwann in einer Writing Session und schrieb meinen ersten deutschen Song. Monatelang wurde darüber gesprochen. Ich hatte es immer wieder abgelehnt. An irgendeinem Abend dachte ich mir: Mir sind Lyrics so wichtig, wie würde es sich anfühlen, wenn jeder verstehen würde, was ich sagen möchte? Dieses Gefühl hat mich geleitet. Deutsch ist meine Muttersprache. Vielleicht macht es etwas mit mir, und vielleicht sollte ich einfach dem Weg folgen. So dachte ich ...

Sicher und richtig hat es sich nie angefühlt. Ich ignorierte, dass sich alles falsch anfühlte. Ich wollte offen sein, also parkte ich meine englischen Songs und probierte es. Es fühlte sich an, als würde ich mit dem Englischen »Schluss machen«, ohne dass es einen eigentlichen Grund dafür gab. Ich bin mit englischer Musik groß geworden, es war mir vertraut, alles fühlte sich plötzlich sehr anders, neu an.

Natürlich wünscht sich jeder Künstler, dass man mit den Songs, die man schreibt, so viele Menschen wie möglich erreicht und berührt. Es wäre falsch, wenn man diese Hoffnung nicht in sich spürte. Man kann Musik und Kunst nicht nur anhand von Likes, Verkäufen, Radioplays und Spotify-Zahlen definieren. Manchmal braucht es einfach nur den richtigen Song in den richtigen Händen oder den richtigen Song zum richtigen Zeitpunkt.

Heute betrachte ich Erfolg mit einem anderen Ansatz. Ich freue mich von Herzen, wenn die Arbeit und meine Leidenschaft gesehen und gehört und natürlich auch geliebt werden. Aber heute liegt mein Fokus noch mehr darauf, was ich als Mensch, was ich als Frau aus dieser Erfahrung mitnehmen konnte. Ich genieße die Zeit während meines Weges mehr – und nicht der Erfolg auf dem Papier definiert meine Arbeit und mich. Genauso definiert dich nicht, wenn du in diesem Jahr nicht befördert wurdest, dafür aber deine Kollegin. **Die Erfahrung definiert dich – wer du aufgrund dieser Erfahrung geworden bist.**

Als *One Woman Army* nicht den Erfolg hatte, den ich mir gewünscht hatte, musste ich mich selbst daran erinnern, dass ich die Songs nie mit einem kommerziellen Ansatz geschrieben hatte. Ich habe keine Radio-Hits produzieren wollen, sondern Musik so, wie ich sie mag. Diese Songs heilen mich bis heute, denn sie bringen mich immer zu mir selbst zurück. Sie erinnern mich daran, wer ich bin und welche Kunst ich ausdrücken möchte. Und selbst wenn mein neuer heutiger Sound anders wird als die Songs, die in L.A. entstanden sind, sie entstehen von demselben Ort aus – einem puren! Und irgendwann, irgendwie bekommen sie noch ihren Moment. Den haben sie verdient.

Wenn wir denken, dass wir Fehler machen, dass etwas nicht so läuft, wie wir wollten, wenn das Happy End anders aussieht, dann machen wir Erfahrungen. Wir können dann entscheiden, wie wir den inneren Kompass nach unseren Werten, nach unserer Identität, ganz intuitiv neu ausrichten und wie wir über diese Situation denken. Wir können uns sagen: Das hat nicht geklappt! Aber das wäre nur die Bewertung eines Moments. **Vielleicht war dieser Moment nicht für dich bestimmt, wenn du aber denselben Weg weitergehst, dann kommt vielleicht dein wahres Happy End.** Ich habe mein Gefühl angezweifelt, weil es mich im ersten Schritt nicht gleich ans Ziel gebracht hat. Ein Fehler? Nein, ein Learning! Es gibt einen Grund dafür, warum man sagt: Bleib dran! Das machen wir aber viel zu wenig. **Machen wir einen Fehler, denken wir direkt, *wir* sind der Fehler. Aber du bist nicht deine Fehler.**

Das sorgt dafür, dass die Verbindung zum eigenen Vertrauen verloren geht. Dabei hätte es vielleicht nur etwas Geduld von mir gebraucht. Das Leben ist ein konstantes Lernen. Und es geht immer darum, *wie* wir diesen Moment bewerten. Welchen Sinn gibst du dem Ganzen? **Ein #1-Hit bleibt für ein paar Wochen im Gedächtnis, aber die Erfahrung bleibt bis zu deinem Lebensende.** Diesen Respekt müssen wir uns schenken!

Mache jede Situation zu einer sinnhaften

Für mich bedeutet Menschlichkeit auch, über Fehler zu lachen und immer die Absicht zu hinterfragen, die zu der Situation geführt hat. Oftmals ist es positiver, als wir es sehen.

Es ist nicht nur wichtig, den Sinn dahinter zu sehen und wertzuschätzen, sondern auch, uns wirklich bewusst zu machen, dass hinter jeder Erfahrung eine Chance stehen kann. Entweder es besser zu machen oder/und den Segen dahinter wahrzunehmen. Und auch zu teilen. Wir sollten alles, was wir vom Leben bekommen, auch hundertfach zurückgeben. Ich glaube fest an Karma. Was man aussendet, kommt zurück. Damit meine ich auch, wenn du absichtlich einen Fehler machst, also betrügst zum Beispiel, dann kommt es zu dir zurück. Irgendwie und irgendwann. Wir sind alle verbunden. Und dann ist es eben nicht egal, was du tust. Darauf vertraue ich sehr

Ich habe außerdem gelernt: Wenn man das macht, was auch in vielen Büchern steht, einfach springen und mal mutig sein, dann kann man eigentlich nur belohnt werden. Wie aber der Gewinn aussieht, können wir nicht kontrollieren. Ich versuche, immer wieder Dinge zu machen, die sich am Anfang komisch anfühlen, und vertraue meiner Intuition. Und ich bleibe flexibel und offen für ein anderes Happy End. Wir limitieren unser Glück, wenn wir uns so sehr daran festhalten, wovon wir denken, dass es für uns das Beste ist. Während für uns eventuell ein viel größeres Geschenk vom Leben wartet. Es ist nur wichtig, dass wir die Arme offenhalten.

CARE

Sorgst du für dich,
sorgst du für andere

Pass auf dich auf

»Care« – ein Wort, vier Buchstaben und für mehr als sieben Milliarden Menschen auf der Welt eine andere Bedeutung. Die einen pflegen ihren Ruf, die anderen pflegen ihre Kontakte, ein anderer pflegt sein Auto, und wieder ein anderer pflegt den Gedanken, was er auf dieser Welt hinterlassen möchte. Auf Englisch gibt es einen Spruch, der einem oft so salopp mit auf den Weg gegeben wird: »Take care«, auf Deutsch »Pass auf dich auf!«. Wenn man die Frage »Passt du denn auf dich auf?« nur einem Zehntel der Menschen auf der Welt stellen würde, würden sicherlich 80 Prozent sagen: »Na klar, ich schließe die Tür hinter mir ab, gebe meine Telefonnummer keinen Fremden und behalte im Club mein Glas bei mir.« Das ist schon mal richtig und wichtig. Doch auch ich musste auf meiner Reise lernen, dass es nicht nur wichtig ist, meine Tür zu meinem Haus abzuschließen, sondern dass ich noch feiner selektiere, welchem Menschen ich die Tür überhaupt aufmache, um in mein Haus zu kommen.

Es ist sicher eine gute Eigenschaft, Menschen offen zu begegnen, sie nicht zu bewerten, bevor man ihre ganze Lebensgeschichte gehört hat, und sich immer wieder neu zu öffnen, weil man ja auch immer wieder positiv überrascht werden kann. Doch mittlerweile ist das Schloss für mein Haus nicht nur verriegelt, andere müssen sich auch erst bewähren, um den Zugang zu bekommen.

Ich habe mir seit ein paar Jahren ein kleines Kreissystem aufgebaut: Ich habe um mich herum enge bis weitere Kreise und positioniere alle Menschen um mich herum in einen der Kreise. Diejenigen, die mir nahestehen, sind natürlich im engsten Kreis, und diejenigen, die ich noch nicht so lange kenne, vier Kreise weiter. Das mag sich jetzt lustig anhören, aber das hilft mir, nicht zu vergessen, welcher Mensch wie nah an mich herandarf. Natürlich kann es mal passieren, dass innerhalb kürzester Zeit ein

Mensch gefühlt drei Kreise überspringt, trotzdem habe ich die Vorsicht und lasse ihn nie so nah an mich heran wie die, die ich seit sehr vielen Jahren kenne und die fest in meinem Leben an meiner Seite waren und mir gezeigt haben, dass ich fest auf sie zählen kann. So verrutscht nichts. Ich bin zu allen Menschen gleich freundlich, gleich höflich – doch nicht gleich offen. Ich bin sehr vorsichtig, wie viel Bedeutung ich den Wörtern der Menschen gebe, die noch weiter weg von mir stehen. Umso weniger ich diesen Menschen erzähle, umso wichtiger ist es mir, in meinem engsten Kreis zu kommunizieren. Meine Gefühle, was mir wichtig ist und worauf ich Wert lege. Ein ehrliches, fürsorgliches und aufrichtiges Miteinander braucht viel Vertrauen. Um ganz viel davon zu bekommen, muss genauso viel zurückgegeben werden. Mit dieser Devise bin ich sehr gut in meinem Leben gefahren, habe an der ein oder anderen Stelle vielleicht zu wenig vertraut, aber das hat mich beschützt.

Auf mich aufzupassen, vor allem auch emotional, ist etwas, das ich sehr früh lernen musste, da ich so viel allein war.

Manchmal jedoch, und das passiert jedem von uns, lässt man den Schlüssel ein wenig lockerer stecken und verwechselt sein Herz, seine Seele mit einer Tür. Eine Tür wieder zu reparieren, schaffst du relativ schnell, wenn du den Notdienst anrufst, ein Herz zu reparieren, braucht jedoch Zeit, Geduld, und kein Kleber der Welt kann die gebrochenen Teile einfach so zusammenhalten. Das kannst nur du selbst. Nur du allein kannst es flicken. Wie lange das dauert, das kommt darauf an, wie viel Bedeutung du dem Wort Selfcare beziehungsweise Selbstfürsorge gibst.

Und das musste auch ich lernen. Denn ich hatte nicht nur ein gebrochenes Herz, viel mehr eine sehr angekratzte Seele, die tatsächlich einmal zu viel vertraut und Fehler gemacht hat, die sie so sehr geprägt haben, dass sie sie nicht noch einmal machen wird. Und so habe ich nicht nur gelernt, warum Selfcare kein Beautyprodukt ist, sondern warum Selfcare alle gebrochenen Teile wieder zu einem Ganzen machen kann.

Manchmal braucht es diese letzte schlimme Erfahrung, die dich so sehr auf den Boden schmeißt, dass dieses Gefühl, mit welchem du zurück-bleibst, dich motiviert, all das hinter dir zu lassen und komplett neu anzufangen. Dir wieder selbst zu vertrauen, deiner Intuition wieder zuzu-hören und endlich an dem Ort angekommen zu sein, der dir das Gefühl schenkt, dass du nichts anderes als das Beste für dich verdient hast. Und sich dafür nicht mehr schlecht zu fühlen. Ein Moment, der dir beibringt, dass Beten nicht allein hilft, sondern du allein da rausgehen musst und dir holen musst, was du dir für dein Leben wünschst. Und der dir beibringt, was »für dich einzustehen« genau bedeutet.

Selbstfürsorge ist kein weiteres To-do, kein Luxus-Spa-Tag, kein Trend, sondern eine Haltung, die du für dein Leben bestimmst. Es geht nicht darum, wie oft du deine Haut im Gesicht mit dem Face-Roller massierst, sondern wie du dich selbst im Spiegel betrachtest. Es ist auch nicht wichtig, welches Kleid du trägst, sondern wie du auftrittst. Und es geht auch nicht darum, dass du jedes Meeting als die höflichste Person verlässt, sondern dass deine Message auch angekommen ist. Auch das geht höflich! Manchmal muss man oft Nein sagen, um sein eigenes Ja zu bekommen. Selfcare bestimmt dein ganzes Leben. Für diese Haltung konnte ich leider keinen Kurs besuchen, es gab auch keine SOS-Nummer, ich musste es auf die harte Weise erleben.

Ich habe nicht nur meine Gesangsstimme verloren, auch meine innere Stimme hat mich von heute auf morgen verlassen. Es fühlte sich nicht nur an, als hätte man mein Herz einmal aus mir herausgenommen, es fühlte sich an, als hätte man meine komplette DNA zerstört. Es war eine Reise, auf der ich mir oft gewünscht habe, ich hätte wohl lieber den Zug dorthin verpasst. Doch diese Reise und das Lernen auf diese harte Weise hat mich zur Frau gemacht. Meine mentale Gesundheit hat für mich eine der wichtigsten Entscheidungen meines Lebens getroffen: auf allen Ebenen für mich da zu sein!

Selfcare fühlt sich ein bisschen so an, als würde man final erwachsen werden, noch einmal nachreifen und dann die komplette Verantwortung für sich übernehmen. Denn niemand hat Schuld daran, dass du dich ausgelaugt fühlst. Niemand kann überhaupt wissen, was du brauchst, wie es in dir aussieht und was du nicht willst. Es geht um dich und deine Grenzen. Aber nichts verändert sich, wenn du nicht selbst etwas änderst. Und zwar dich. Selbstfürsorge schenkt dir die große Chance zu wachsen. Und nicht nur dein Wissen zu erweitern, sondern dich in die Richtung wachsen zu lassen, um der Mensch zu werden, der du wirklich bist.

Als junges Mädchen haben mir meine innere Strenge und klare Haltung sehr geholfen. Ich erinnere mich an einen Moment auf der Echo-After-Party: Ich war 16 Jahre alt. Ich lief aus der Toilette und zog vor dem Spiegel meinen Lippenstift nach. Ich habe eine Sekunde gebraucht, um zu verstehen, was hier vor sich ging: Neben mir standen Mädchen, mit denen ich davor auf der Tanzfläche war, vor ihnen etwas, das für mich nach »Make-up-Puder« aussah. Sie fragten mich: »Möchtest du?« Ich war entsetzt und meinte nur: »Stellt mir diese Frage nie wieder!«

Meine Priorität war immer, bei mir zu bleiben und nicht zu vergessen, warum ich diesen Beruf mache. Als junges Mädchen und auch als junge Frau habe ich ganz oft gesagt: Nein, das möchte ich nicht! Mein Vater sagte immer: »Mein kleiner Widder, sie weiß genau, was sie will.« Und das stimmte. Doch irgendwann habe ich nicht nur die Vision für das, was ich eigentlich wollte, verloren. Ich hatte ein so großes Verlangen nach Ruhe und Harmonie, dass ich zu viele Kompromisse eingegangen bin, die in mir genau das Gegenteil bewirkt haben. Absolute Disharmonie und Unruhe und einen absoluten Clash mit meiner Persönlichkeit und meinen Werten.

Während das für mich noch alles gar nicht so klar war, malte meine Therapeutin mir das Bild ein wenig klarer auf. Sie ging mit mir auf den Grund, warum ich zwar für mich sorgte, aber nicht auf allen Ebenen für mich einstand und was das mit mir eigentlich machte. Und so ging es ans Eingemachte ... Ich bin ehrlich zu dir, es war nicht einfach, in eine so ehrliche Konfrontation mit mir selbst zu gehen, aber ich wollte alles wissen. Zu viele Gespräche hatte ich davor mit mir in meinem Kopf. Ich wollte Antworten und war ready für die »Hausaufgaben«. Sie fragte mich immer wieder und detailliert, wie und wo ich für mich da bin. Das reichte von der Frage: »Wie bewegen Sie sich?« bis hin zu »Mit wem verbringen Sie ihre Zeit, und was sind Ihre Werte, auf deren Basis Sie Entscheidungen treffen?«.

Schnell merkte ich, dass ich mir zwar Raum für mich nahm und auf mich achtete, aber nicht immer gut für mich sorgte. Stattdessen sorgte ich mich mehr um andere und ihre Bedürfnisse, in diesem Fall für Harmonie im Team. Was ich auch realisierte: Bei den wesentlichen Dingen gab ich in diesem Fall die Kontrolle komplett aus der Hand. Ich dachte: Interessant! Ausgerechnet mein kreatives Sein, das so sehr zu meiner Identität gehörte, beschützte ich nicht ausreichend. Aber nichts verändert sich, wenn du nicht etwas änderst. Und zwar dich. Einiges brauchte Veränderung, nicht nur die Grenze, auch mal mein Telefon nach 21 Uhr abzustellen, sondern auch einmal eine Massage in meinem Kalender einzutragen. Es ging um viel mehr, um Schlüsselmomente und um meine Zukunft. Und wenn ich wollte, dass nicht wieder der Körper die Entscheidungen für mich trifft, indem er einfach streikt oder sich mit Panik meldet, musste ich noch mehr Konsequenzen ziehen, in die Konfrontation gehen und auch unbequeme Entscheidungen treffen. Ich konnte nicht einfach zuschauen, welcher Mensch aus mir wurde, sondern musste mich bewusst entscheiden:

→ Welcher Mensch möchte ich an erster Stelle sein?
→ Welche Werte habe ich schon, und was fehlt mir noch?
→ Welche Selbstfürsorge kann ich anwenden, um mich als Mensch zu entwickeln? (Damit meine ich nicht Selbstoptimierungswahn, sondern vollständig und herzlich zu sein, für mich und mein Umfeld.)
→ Welchem Menschen würde ich selbst gern begegnen?
→ In welchen Dialog würde ich gern mit mir gehen? Was hätte ich zu erzählen? Und was hinterlasse ich?
→ Was mache ich mit meinem Leben? Wie nutze ich meine Zeit? Meine Stimme?
→ Wie lebe ich? Lebe ich für mich oder für andere?

Was ich für mich änderte

Durch die Therapie begann ich, auf allen Ebenen aufzuräumen. Meine Therapeutin löcherte mich mit vielen Fragen: Was macht Ihnen Angst? Welche Menschen tun Ihnen gut und welche nicht? Es war nicht immer leicht, gleich eine Antwort darauf zu finden. Mir wurde aber schnell klar, dass ich etwas ändern musste. Mein Leben sollte wieder mehr zu mir passen. Ich habe gefühlt Tetris gespielt und alles, was nicht aufeinanderpasste, auf meine neue Basis, aussortiert. Ohne Wenn und Aber. Ich sortierte konsequent Beziehungen, Verträge, Socken, Handtaschen und Mailpostfächer. Ich habe in allem Ordnung geschaffen, und das tat so gut. Ich liebte und liebe es! Das macht so viel mit mir. Ich fühle mich seitdem wirklich ausgeglichener. Und mit der Ordnung auf allen Ebenen erarbeitete ich mir die Übersicht und Kontrolle zurück. Jetzt musst du sicherlich schmunzeln, aber ich liebe es, die Waschmaschine anzuschmeißen und vorher alles nach Farben zu sortieren. Manchmal sind es so kleine Dinge, aber für mich sind damit schon einmal zehn Prozent vom Tag sortiert.

Definiere dich darüber, was dir wichtig ist

Für mich war es nicht nur wichtig, mich darum zu sorgen, das Zuhause »in mir« so gemütlich wie möglich zu machen und Fürsorge zu leisten, sondern auch alles um mich herum. Und ein Teil davon ist das Zuhause, in dem wir leben. Schon immer lege ich Wert darauf, mich daheim wohlzufühlen. Egal, wo ich bislang war, auch wenn ich in den Hotels unterwegs bin oder noch nicht einmal die Umzugskartons ausgepackt waren, haben als Erstes Bilderrahmen, Kerzen oder meine persönlichsten Dinge draußen gestanden. Egal, an welchem Ort wir auf der Welt sind, wir sollten den sichersten Platz in uns aufbauen, aber auch die Dinge, die wir täglich sehen, von Bildern bis Bücher sollten uns aufgehoben fühlen lassen und Inspiration schenken. Denn alles, was wir wahrnehmen, müssen wir nicht nur verarbeiten, sondern es prägt uns auch. Deswegen macht es einen Unterschied, wie und womit ich lebe. **Deswegen mach es dir gemütlich – in dir und bei dir zu Hause.**

Die Intelligenz meines Körpers

Zum ersten Mal bekam ich auch ein Gefühl dafür, wie wichtig es ist, mit dem Körper verbunden zu sein, ihn wirklich zu bewohnen und mit ihm zusammenzuarbeiten. Dabei geht es nicht nur darum, ihn fit zu halten oder zu pflegen, sondern diesen Kontakt zu spüren. Denn nur so kann ich auch Impulsen folgen, die mir mein Inneres schickt. Ich erkannte, dass mein Körper eine eigene Intelligenz hat, dass er mir Zeichen schickt, so, wie mein Gehirn mir Gedanken sendet: Wenn sich der Magen zusammenzieht, stimmt etwas nicht. Wenn mein Herz tanzt, dann bin ich am richtigen Ort. Für meine Intuition brauche ich die Verbindung mit meinem Körper. Ich verstand noch mehr, was es bedeutet, wenn es heißt: »Du sollst geerdet sein.« Denn wenn ich in meinem Körper bin, ihn fühle, spüre ich Halt und bin im Hier und Jetzt. Ich bin mit mir verbunden und spüre zeitgleich, ob ich auf Kurs bin oder nicht. Diese Tipps haben mir besonders geholfen:

→ Lebe nach deinem Rhythmus, und sorge dafür, dass du ausreichend Bewegung und Schlaf hast. Nur dein Körper kann dir sagen, wie dies für dich aussieht. Höre und fühle genau hin!

→ Spüre immer wieder im Alltag die Verbindung zum Boden, deine eigene Schwerkraft, und nimm deinen Körper so oft es geht wahr: bei der Arbeit, beim Fernsehen, beim Essen.

→ Nimm vor allem auch deine Körpermitte wahr: den Unterbauch. Lege eine Hand darauf, nimm drei tiefe Atemzüge, und führe beim Ausatmen deine Atemenergie nach unten.

→ SOS-Trick: Nimm ein bisschen Salz auf deine Zunge, und/oder nimm ein Bad mit Meersalz oder Epsom-Salz.

→ Höre deinem Körper zu. Handle und entscheide nach deinen Körperimpulsen und deiner gefühlten Intuition (z. B. Bauch und/oder Herz).

→ Gehe in die Natur und mit ihr in Kontakt, besonders mit dem Boden und den Bäumen.

Die Wurzel des Unwohlseins finden

Nicht so einfach waren unbequeme Entscheidungen, die getroffen werden mussten. Es ist nie einfach, sich von Altem zu trennen: sei es eine Jeans (einfacher!) oder auch, einen Plattenlabelvertrag aufzulösen.

Während des Sortierens fragte ich mich: Wann kamen die Unruhen in mein Leben? Und meine Antwort war: Es hatte viel mit meinem Job zu tun. Sehr viel sogar. Mein Beruf lebt von meiner Kreativität, aber auch von der Verbindung mit Menschen. Ich kann meinen Beruf nicht von mir separieren. Als ich meine beruflichen Beziehungen reflektierte, wurde mir schnell klar, dass sich nicht alle harmonisch anfühlten. Wir teilten nicht die gleiche Vision und dieselben Werte. Ich hatte mich zu lange in einem Zustand befunden, in dem ich mich selbst nicht mehr wohlgefühlt habe. Aber ich hatte den professionellen Anspruch an mich abzuliefern, weil ich einen großen Vertrag unterschrieben hatte. Als ich jedoch spürte, wie das Ignorieren meiner Gefühle immer mehr Schaden anrichtete, wusste ich, dass eine klare Veränderung hermusste.

Ich habe viel reflektiert, bin sehr nach meinem Gefühl gegangen, und das gab mir ein ganz klares AUS-Zeichen. Die Konsequenz war, dass ich handeln musste. Also habe ich angefangen, mich von Menschen zu trennen, Vereinbarungen zu lösen, Situationen für immer zu verlassen. Nach einer langen Reise ... und bis dahin musste viel passieren.

Neben der Fürsorge und meinen Entscheidungen, die getroffen werden mussten, konnte ich mich noch nicht mit dem Thema Stimme auseinandersetzen. Niemals hätte ich mir je vorstellen können, nach all den Jahren, nach den ganzen Höhen und Tiefen, dass ich nun mit dem Gedanken spielte, mit der Musik aufzuhören, doch ich habe es tatsächlich getan.

Meine Sorge um die Stimme

Ich bereue nichts in meinem Leben, denn alle Entscheidungen, die ich getroffen habe, wurden gut überlegt und haben mir das Gefühl für diese Entscheidung gegeben. Doch würde ich heute die ein oder andere Entscheidung für mich klar anders treffen. Aber dafür musste ich einiges erst einmal für mich herausfinden.

Ich tat mich schwer damit, auf Deutsch zu singen. Meine Aussprache, meine Technik und alles drumrum waren so auf das Englische getrimmt, dass es unmöglich war, denselben Sound auf Deutsch zu kreieren. Das war meine größte Sorge. Wie bekomme ich den Mandy-Sound auf Deutsch hin? Neben all der Konzentration vergaß ich plötzlich, dass Spaß und Leidenschaft meine Liebe zur Musik ausmachten. Doch ich war so fokussiert, dass ich alles um mich herum vergaß. Ich konzentrierte mich total auf die Technik und versuchte, jedes Gefühl hineinzubekommen, das ich reinpacken konnte. Es blieb schwierig für mich. Meine Stimmfarbe auf Englisch hat mich ausgemacht. Die Art, wie ich gesungen und meine Stimme eingesetzt habe, war ein großer Teil meiner Identität. Und plötzlich ging es darum, mit den deutschen Song gesigned zu werden.

Ich ware auf einer schönen Reise und hatte eine klare Vision, wohin der Weg gehen würde. Doch musikalisch war ich noch am Anfang. Ich war in einer Findungsphase. Und so passierte es, dass innerhalb des Teams immer mehr Meinungen aufkamen. Wir hatten immer weniger die gleiche Vision von der Musik, aber auch von mir als Künstlerin. **Was möchte ich sagen? Wofür stehe ich? Wofür möchte ich meine Stimme nutzen?** Nicht nur inhaltlich musste ich sehr kämpfen für das, was ich richtig fand und als meine Message sehe, auch der Sound meiner Stimme hat dem Team nicht gefallen. Alles, was mich ausmachte, wollten sie glattbügeln. Meine Stimme auf Deutsch wurde immer mehr umgemodelt. Natürlich geschah das nicht von heute auf morgen, es war ein sehr schleichender Prozess. Ich spürte einfach immer mehr, dass ich mich weniger als ich selbst fühlte und dass aus dem »Ich probiere mich aus« ein »Ich verliere mich hier« wird.

Irgendwann stand ich in der Aufnahmekabine am Mikrofon und sah mir selbst dabei zu, wie ich perfekt funktionierte. Im Loop sang ich so lange, bis der Produzent zufrieden war, aber ich las den Text und fragte mich: Und was sollen die Worte ausdrücken? Ich sang zwar, aber es fühlte sich nicht mehr so an, dass ich das, was ich singe, auch wirklich meine. Diese Momente wiederholten sich. Mein Plan war, ein ordentliches Produkt abzugeben. So konzentrierte ich mich immer mehr, doch innerlich ging es mir während der Produktionen immer schlechter. Zum ersten Mal in meinem Leben fühlte ich mich an meinem Arbeitsplatz, dem Studio, nicht wohl. Das kannte ich nicht. Das Studio war immer mein Wohlfühl-Ort, mein Safe Place. In dieser Zeit nicht mehr. Ich verließ das Studio oft mit einem enormen Kloß im Hals. Auf der Anreise ins Studio wollte ich eigentlich wieder umdrehen, und als ich dann später ins Hotelzimmer kam, bekam ich immer öfter Panikattacken.

All das war fern von der Künstlerin und dem Menschen, der ich war. Es war ein Kampf mit mir selbst, bei dem es mir gerade schwerfällt, ihn in Worte zu fassen. Ich erinnere mich noch daran, wie ich dachte, dass das Hotelzimmer immer enger würde und mich erdrückt. Die Wahrheit war, dass es sich in mir so angefühlt hat. Ich hatte das Gefühl, dass man mich in etwas hineinzwängt und meine Arme und Beine abschneidet, um mich in diese Rolle zu pressen.

Alles, was ich wollte, war zurück auf die Bühne, zurück zu meinen Fans. Stattdessen führte ich intern eine Diskussion nach der anderen, die mich mein ganzes Gefühl verlieren ließ. Es war sehr schwierig für mich, zu dieser Zeit Interviews über meine Musik zu führen, denn mein Anspruch ist, ehrlich zu sein, vor allem gegenüber meinen Fans.

Ich hatte für mich einen Sound gefunden, mit dem ich so weit zufrieden war. Nun hatte ich einen Plan, wie ich die Songs immer mehr zu meinen machen wollte. Doch während ich in Zeiten der Pandemie pushen musste, dass wir endlich einmal loslegen, streikte meine Stimme immer mehr. Ich pushte weiter, dass wir weiter releasen, da sich diese großen Pausen ungesund anfühlten. Ich hatte plötzlich nicht nur große Angst, auf die Bühne zu gehen, meine Angst begann bereits im Studio. Bis ich am Mikrofon stand und merkte, dass meine Stimme nicht mehr funktionieren würde. Ich konnte sie nicht mehr abrufen. Sie war wie weg.

Monate später, als ich mich lange mit meiner Vocal Coach unterhielt und ihr Fragen zu meiner Stimme stellte, sagte sie: »Natürlich fühlst du dich, wie du dich fühlst, das ist ja kein Wunder.« Alles, was ich mir über die Jahre aufgebaut habe, alles, was mich ausgemacht hat, wurde mir genommen. Ich fühlte mich unwohl und gleichzeitig hilflos und habe keinen schnellen Weg aus der Situation gesehen. Ich war an einen Vertrag gebunden. Doch ich hatte das Gefühl, als hätte man meine Stimme aus mir herausgenommen, kurz verprügelt und wieder eingesetzt. Es war eine sehr komplexe Situation, die mich sehr überfordert hat.

Für einen Sänger oder eine Sängerin ist die Stimme das wichtigste Instrument. Egal, wie technisch es im Studio oder auf der Bühne werden kann. Die Stimme wird von Emotionen geleitet. Und wie kann sie funktionieren, wenn man ihr keinen Raum gibt? Ich hatte oft das Gefühl, als hätte ich meine Stimme im Stich gelassen.

Wenn ich an diese Momente denke, sehe ich mich weinend im Hotelzimmer sitzen, und mir schießen die Tränen in die Augen. Ich sehe mich da sitzen und überlegen, wie ich dort rauskomme. Ich hatte einen so großen Drang, gerade meinen Fans da draußen jedes Detail zu erzählen, doch wusste ich nicht, wo ich anfangen sollte. Es war zu komplex, zu viel für einen Instagram-Post, zu emotional, da ich es selbst noch nicht verarbeitet hatte.

Diese Situation war auch ein großes, wenn nicht sogar das Puzzleteil auf dem Weg zu meinem großen Panikmoment. Meine Seele und Identität hatten sich wie ausgepflanzt gefühlt, dieses Puzzleteil wiederzufinden und einzubauen, hat seine Zeit gebraucht. Ich dachte, ich erspare mir Ärger, doch fing ich gefühlt den größten Streit mit mir selbst an. Während ich weniger Kämpfe im Team haben wollte, begann der Kampf meines Lebens.

Der Moment, der mich entscheiden ließ

Keine Worte können wirklich meine damaligen Gefühle beschreiben. Kein Wort kann genau wiedergeben, wie verzwickt ich mich gefühlt habe – und kein Moment war so ausschlaggebend wie dieser. Nachdem mein Gefühl nicht nur unruhiger, panischer und trauriger wurde, konnte ich nicht mehr in Ruhe schlafen. Die Situation hatte mich so an die Grenze getrieben, dass es nur noch ein Machen für mich war, um den Vertrag in irgendeiner Weise zu erfüllen. Es gibt so viele Details, die ich euch ersparen möchte, denn sie würden dich nur schlecht über die Musikbranche denken lassen. Und auch für mich ist es wichtig, diese Erfahrung zu realisieren, aber nicht alle Menschen in der Branche in diese Schublade zu stecken. Denn wie überall – es gibt die Guten!

Ein Detail jedoch möchte ich dir erzählen, denn das ist auch der Grund, warum es nie eine dritte Singleauskopplung der deutschen Songs gab. Das

Label hatte sehr hohe Erwartungen an den deutschen Sound. Nicht nur, dass ich mir einen unglaublichen Druck machte, ich spürte den Druck von allen Seiten. Deswegen hatte ich es auch so weit durchgezogen, dass ich wegen meines täglichen Schwindels fast umkippte.

Nachdem die Songs nicht von Day One an auf Platz eins landeten, hatten sie sich schon parallel überlegt, welche Richtung wir weiter einschlagen. Ich hatte eine klare Richtung vor mir gesehen, doch wir hatten verschiedene Meinungen über das Künstlersein. Nachdem meine Reise seit Start des Deutschen keine einfache war, sollte diese auch kein einfaches Ende haben. Aber eines, was wirklich eins war.

Das Label hatte einen Plan und einen Weg mit mir vorgesehen, den ich für mich nicht gesehen habe: Ich sollte eine Schlagerkünstlerin werden. Nach wochenlangem und monatelangem Versuchen und Probieren habe ich klargemacht, dass ich keine Schlagerkarriere eingehen werde und dies ablehne.

Und dann ist etwas passiert, was im Jahr 2022 mit einer Frau nicht hätte passieren sollen, und danach gab es für mich nur noch eins: vom Tisch aufzustehen und für kein weiteres Gespräch mehr zur Verfügung zu stehen. Um noch mehr Druck auf mich auszuüben, bekam ich eine Nachricht, in der zwar stand, sie solle zwar nicht nach Erpressung klingen, aber das Label würde keine meiner weiteren deutschen Songs veröffentlichen, wenn ich mich gegen den Schlager entscheide. Das hört sich nicht nur nach Erpressung an. Das ist leider Erpressung.

Nach für mich sehr anstrengenden Monaten, schon fast Jahren mit enormem Druck und gesundheitlichen Beschwerden, wie ich sie zuvor noch nie in meinem Leben erfahren habe, habe ich diese Nachricht an meinen Anwalt geschickt und gesagt, dass ich meinen Vertrag auflösen möchte und für kein Gespräch mehr zur Verfügung stehen werde. Ich liebe meinen Beruf, ich liebe mein Leben als Künstlerin sehr – das kannst du mir von Herzen glauben. Aber an allererster Stelle bin ich Mensch und kein Produkt! Und ich bin diesen harten Weg nicht gegangen, um mich am Ende erpressen zu lassen. Nach mehr als 15 Jahren in der Musikbranche war ich an einem Punkt angekommen, an dem ich in aller Zufriedenheit »Tschüss« zu etwas sagte, was mich von Anfang an hatte kämpfen lassen.

Dieser Moment hat mir einen klaren Spiegel vorgehalten. Nach dieser Entscheidung, nach dieser Erfahrung und diesem für mich neuen Gefühl der Panikattacken – stand wieder die Frage im Raum: Möchte ich das alles noch für mich und mein Leben? Oder möchte ich mich lieber aus der Öffentlichkeit zurückziehen? Diese Erfahrung hat einen enormen Beschützerinstinkt für mich selbst erweckt, und ich wusste, dass es hier nicht nur um einen Plattendeal ging oder um eine Sprache der Songs, es ging um so viel mehr. Es ging darum, eine nachhaltige Entscheidung für mein Leben zu treffen.

Um ein Leben zu führen, das nach den eigenen Werten aufgestellt ist, muss man sich auch ein Umfeld aufbauen, welches diese Werte teilt. Also stellte ich mir erneut die Frage, die ich mir sehr oft als 16-Jährige stellte: Kann ich Teil des Ganzen sein, ohne wie diese Welt zu werden?

Es gibt sehr viele Dinge, die ich sehr falsch in meiner Branche finde. Und das schon immer. Ich bin kein Mensch, der einige dieser Dinge für mich einfach so ignorieren kann und über Leichen geht, um an der Spitze zu sein. Das war noch nie eine Option für mich. Für mich hat mein Leben, meine Berufung und auch das, was ich mit meiner Stimme mache, eine tiefere Bedeutung. Du kannst dir also vorstellen, wie oft ich im Clash mit meinen Gefühlen war. Doch das Leben und unsere Jobs sind auch kein

Wunschkonzert, in dem wir alles bestimmen können und jegliche Macht über Entscheidungen haben.

Wir alle leben und arbeiten in einem System, jeder in seiner eigenen Realität. Dieses System können wir nicht, vor allem nicht von heute auf morgen ändern. Aber was wir ändern können, ist unser Verhalten. Für mich ist klar, ich habe nur dieses eine Leben, ich kann nicht für andere leben.

Nach vielen Gesprächen mit mir selbst wurde mir immer klarer, dass nicht die Öffentlichkeit das große Problem ist, sondern das, was ich dort mache. Dass ich mich nicht auf ein System fokussieren möchte, sondern darauf, was ich selbst ändern möchte. Welchen Beitrag will ich leisten, um die Welt, wenn auch nur zu einem kleinen Prozentsatz, zu einem minimal besseren Ort zu machen?

Es wurde mir immer wichtiger, dass ich nur in dieser Branche bleiben werde, wenn ich etwas für mich menschlich Wertvolles mit meinem Namen und mit meiner Stimme anfange.

Etwas, das sich nicht nur um mich dreht. Etwas, das auch Menschen in meiner Branche das Gefühl gibt, damit nicht allein zu sein, denn ich weiß, dass ich mit meinen Gedanken nicht allein bin. Etwas zu erschaffen, das ein Ort wird, der Menschen auf allen Ebenen Geborgenheit und Zufriedenheit schenkt. Und vor allem Stress wegnimmt. Denn Stress, innerlicher Stress, hat mir gefühlt mein ganzes Leben genommen.

Während ich nichts mehr fühlte, stürzte ich mich nach meiner Auszeit komplett auf die Gründung dieses Ortes: meiner Company FELICE. FELICE hat mir alles gegeben, was ich zu dieser Zeit brauchte: Werte, Hoffnung, Empathie, Glück, Intuition, Fürsorge, Selbstliebe und das Gefühl zu wachsen. Ich habe diese für mich unbequemen Schuhe, die von

Anfang an gedrückt haben, abgestreift und bin in neue Schuhe geschlüpft, die sich vielleicht an der ein oder anderen Stelle noch zu groß anfühlten. Doch ich wusste, dass dieses Gefühl genau das war, was ich jetzt brauchte. Ein neuer Fokus, ein neuer Weg. Mein Weg!

Während ich mit all den Verantwortlichen in meinem Team schon gesprochen hatte, dass ich mich gegen Schlager entscheide und den Vertrag auflösen möchte, lag mir viel daran, dass ich die Menschen anrufe, mit denen ich in Gesprächen über den neuen Stil als Schlagerkünstlerin war. Diese Menschen haben mir nichts getan, deswegen war es für mich sehr wichtig, ihnen meine Entscheidung persönlich mitzuteilen. Mir war bewusst, dass das kein einfaches Gespräch werden würde. Ich wusste, dass ich mich rechtfertigen müsste und sie meine Entscheidung nicht verstehen würden. Und dass ein Satz wie »Das bin nicht ich – es fühlt sich nicht richtig an« nicht reichen würde. Das Wichtigste jedoch war, dass es für mich reichen würde. Dieses Gefühl war alles, was ich brauchte. Ein Gefühl von hundertprozentiger Klarheit, egal, wie die Konsequenz aussehen würde.

Eines der Gespräche war sehr verständnisvoll, das andere ein wenig kühler. Dann legte der Verantwortliche noch einen Satz drauf und prophezeite mir, dass ich keine Chance mehr in der Popmusik haben werde. In diesem Moment war ich fragil, und natürlich hat mich das berührt. Im Normalfall wäre mir das egal gewesen, doch wenn eine Wunde offen ist, tut die Berührung einmal mehr weh oder 1000-mal mehr. »Ruf mich an, wenn du deine Meinung änderst. Ich bin ein großer Fan von dir«, sagte er noch.

Es hallte in mir nach wie mit einem Megafon gesprochen: »Manddddyyyy, das hätte dein Leben ännndeerrnn können.« Und so lief ich mit einem sehr komischen Gefühl und Schwindel an mein Gate am Flughafen. Allein dieses Gefühl hat mir gezeigt, wie falsch sich das alles anfühlte und wie verwirrt mein System nach all den Monaten war. Ich rief meinen Manager an. Er nahm mir diese Unruhe und unterstützte meine Entscheidung voll und ganz. »Mandy, natürlich fühlst du dich jetzt so. Das würde jeder. Doch das ist die absolute richtige Entscheidung, das wusstest du von Anfang an. Du möchtest bedeutungsvolle Musik machen, Musik, die dich und die anderen fühlen lässt – so, wie du sie für dich richtig findest. So, wie du sie fühlst. Wir sind alle an deiner Seite. Jetzt ist es Zeit für deinen Weg, und den wirst du gehen.«

Sicherlich ist es das Wichtigste, dass wir mit unseren Lebensentscheidungen in uns klar sind, **doch es tat gut und es tut gut, wenn Menschen an deiner Seite sind, die deine Entscheidungen mitfühlen, dich auf deinem Weg unterstützen und dich immer wieder daran erinnern, wer du bist – denn sie sehen DICH!**

Es mag sein, dass ich Stadien gefüllt hätte, es mag auch sein, dass sich die Platten verkauft hätten, all das liegt in den Sternen. Aber auf »mag sein« und »Stadien und Plattenverkäufe« soll mein Leben nicht basieren. Ich möchte ein erfülltes Leben leben, welches ganz allein in meiner Hand liegt, und manchmal sind es die simpelsten Dinge, die dir diese Erfüllung schenken. Mir ist es wichtig, meiner Vision treu zu bleiben. Alles, was danach kommt, alles, was ich damit erreiche, ist on top, aber die eigentliche Erfüllung sollte bei uns, in uns sein ... im Kern! **Erfüllung startet im Inneren, nicht im Außen.**

Eine Sache, die ich in dem Zusammenhang auch noch lernte, war das Thema Beziehungen und Kommunikation. **Toxische und schwierige Beziehungen entstehen vor allem, wenn wir nicht**

ganz bei uns selbst sind und das authentische Sein leben. Hier ein paar Zeilen, die dir vielleicht helfen:

➥ Triff wertebasierte Entscheidungen für dich selbst. Trenne dich von allem (Menschen, Gegenständen usw.), was nicht im Einklang damit ist. Löse dich konsequent von Menschen, die nicht das Beste für dich wollen, sondern für sich.

➥ Denk immer daran: Du hast das Recht, ein Leben führen zu dürfen, das auf deiner Seite ist und auf allen Ebenen das Beste für dich ist. Entscheide danach. Wir haben nur dieses eine Leben.

➥ Übernimm Verantwortung für dich und dein Leben. Sorge dafür, dass du gut genährt bist: durch Beziehungen, gutes Essen, Wissensinput usw.

➥ Sprich deine innere und eigene Wahrheit aus. Und denke nicht darüber nach, was andere von dir denken könnten. Wenn du ausdrückst, wie es dir geht und was du fühlst, kann es nie falsch sein.

➥ Wenn ein »unangenehmes« Thema auftaucht, dann nimm dir einen Moment, und reflektiere für dich: Wie kann ich dies aus einer anderen Perspektive sehen (wohlwollender). Was habe ich daraus gelernt? Was wollte mir die Situation eventuell zeigen, wovor mich bewahren? Kann ich mich versöhnen, annehmen und weitergehen?

➥ Wenn du dich unwohl fühlst, frage dich: Was braucht es jetzt, damit es mir besser geht?

➥ Reagiere in Situationen, die immer wiederkehren und dich eventuell belasten, mal anders als sonst. Probiere intuitiv aus, was du auch noch tun kannst (z. B. anstatt wütend zu werden oder dich innerlich abzuschalten). Erkenne, dass du immer die Wahl hast und entscheiden kannst, wie du reagierst – auch noch mit Abstand. Manchmal ist es auch das Beste, sich erst einmal aus der Situation herauszunehmen und dann zu reagieren.

→ Achte deine Bedürfnisse vollkommen. Übe es, »Nein« zu sagen, etwas abzusagen und auch »Ja« zu sagen zu allem, was dich in das Gefühl von Leichtigkeit und Freude bringt. Erlaube dir, dich Schritt für Schritt zu öffnen und Lebendigkeit auszuleben.

→ Umgib dich mit Menschen oder auch Tieren, die dir guttun.

→ Bewege deinen Körper, wie er es braucht. Bewegung ist Heilung, bringt dich auch im Inneren in Bewegung, indem du dabei achtsam bleibst. Einfach bewusst spüren. Grenzen und Tempo achten.

Kümmere dich um dich selbst!

Das Thema Care ist wirklich sehr umfassend. Das Kernthema ist die »Selbstfürsorge«, denn alles beginnt bei uns selbst. Sind wir fest bei uns verankert, so können wir auch für andere da sein und ihnen ein Anker sein. Innere Stabilität ist die essenzielle Basis, um darauf aufzubauen. Doch man sollte nicht nur den Fokus auf sich halten, sondern die Aufmerksamkeit auch auf das Leben um einen herum lenken. Die Menschen, die an unserer Seite sind, und was grundsätzlich in der Welt passiert.

Es gehört zu einem erfüllten Leben, anderen Menschen Fülle zu schenken. Seinen Namen, seine Privilegien, seine Energie auch richtig zu nutzen. Jeder Mensch in seiner eigenen Realität. Was können wir beitragen, um das Leben eines anderen Menschen, ob Freundin oder Fremder zu einem besseren zu machen?

Soziale Kompetenz bedeutet auch, dass man sich um das Wohl der anderen Gedanken macht. Manchmal sind es kleine Dinge, die einem anderen Menschen so sehr helfen können. Einfach nur zuzuhören oder ihn aufrichtig und ehrlich zu fragen: Wie geht es dir heute? Und sich die Zeit dafür zu nehmen. Manchmal ist es eine liebevolle Nachricht oder jemandem ein Buch zu schenken, welches gerade gebraucht werden könnte, oder auch beim Aufbau einer Company zu helfen. Und manchmal ist es nur ein »Du siehst toll aus«, was uns ein kleines Lächeln ins Gesicht zaubert. Wir Menschen wollen alle gesehen werden, und manchmal sehen wir uns selbst nicht mehr richtig. Manchmal wissen wir nicht, wo wir hingehören, oder wissen es noch nicht. Manchmal brauchen wir jemanden, der sich für uns einsetzt, und manchmal jemanden, der uns den Schubs in die richtige Richtung gibt. Und manchmal, selbst dann, wenn wir denken, wir haben selbst keine Kraft, hilft es, einem Menschen zu helfen, und das wiederum gibt uns selbst Kraft. Aber es sollte immer aus dem Willen entstehen, das Leben eines anderen ein klein wenig schöner zu machen. Und das können wir alle.

In der heutigen schnelllebigen Zeit der zunehmenden Social-Media-Aktivitäten ist das Thema Care wichtiger denn je geworden. Was wir posten, was wir liken, nicht nur wie viel wir von uns selbst mit der Welt teilen, sondern auch, was wir hinterlassen wollen und wie wir unsere Stimme nutzen. Unser gesellschaftliches Wertesystem steht meines Erachtens schon auf wackeligen Beinen. In einer Welt, die immer Ich-bezogener wird, ist es umso wichtiger, achtsam miteinander umzugehen und auch Kindern das richtige »Care-Paket« mit auf den Weg zu geben.

Selbstachtung und Selfcare sind Grundsteine für das eigene Wohlbefinden – dennoch darf man eben auch nicht das Wohl der anderen aus den Augen verlieren. Oftmals ist die Reise zur eigenen Selfcare ja auch damit verbunden, auf sich im Umgang mit anderen zu blicken. Alles ist miteinander verbunden. FELICE, unser eigenes Glück, kann nicht allein dastehen, sondern ist verbunden mit all diesen Werten.

Dazu habe ich einmal einen Spruch von der Autorin Shannon L. Alder gelesen, den ich gern mit dir teilen möchte:

»If there is no respect then there is no caring.
If there is no caring then there is no understanding.
If there is no understanding then there is no compassion.
If there is no compassion then there is no empathy!«

Versprich mir: Kümmere dich um dich selbst, immer!

EVOLVING

*Versprich mir, dass du
an dich glaubst!*

Selbstfürsorge ist die Essenz

Auf meiner Reise habe ich ein sehr klares Bewusstsein für die Wichtigkeit und absolute Notwendigkeit des Themas Selbstfürsorge bekommen. Nie zuvor war mir bewusst, was für eine immense Auswirkung das auf meine Gesundheit und mein grundsätzliches Leben haben würde. Dass alles mit der Selbstfürsorge startet und sie die Essenz ist, mit der du deine Basis aufbaust. Wenn du in deinem CasaFELICE (Zuhause) aufgeräumt hast und dich wohl- und gut aufgehoben fühlst, freust du dich, weil du weißt, egal wo du auf der Welt bist, dass du diesen sicheren Ort in dir trägst. Ein Ort, der dir Vertrauen schenkt, der Welt mit Offenheit zu begegnen.

Es hat sich sehr viel in meinem Leben seit dem letzten Jahr und vor allem seit dem Moment bei der *Goldenen Henne* verändert. Ich habe mich geändert. Ich bin nicht mehr dieselbe Person, die ich davor war. Ich glaube, noch nie in meinem Leben habe ich mich aufrichtig so liebgehabt und bin so respektvoll, ehrlich und erwachsen mit mir umgegangen. Ich habe mich dieser Situation gestellt, nicht nur weil ich keine andere Wahl hatte und sich in mir der Survival-Instinkt eingeschaltet hatte. Ich wollte nicht einfach nur geheilt sein für den Moment. Ich wollte nicht einfach nur, dass die Panikattacken aufhören, dass ich wieder einfach weitermachen konnte. **Ich wollte mir den Respekt schenken, mein Leben nicht mehr abhängig von Momenten, dem Außen und dem schnellen Glück zu machen.** Ich wollte allem noch mehr auf den Grund gehen und mir ein nachhaltiges Glück aufbauen. Doch nicht nur das. **Ich wollte den tieferen Sinn in all dem finden, nicht nur den Ursprung, sondern das Warum? Mein persönliches Warum.**

Ich habe das alles nicht erlebt, nur um es einfach erlebt zu haben. Warum sollte ich das erleben? Warum ist dieser Zug, in den ich auf dieser Reise einsteigen musste, an so vielen Haltestellen stehen geblieben? Einige hätte ich mir doch ersparen können, oder? Das dachte ich bisher zumindest. Doch heute, wenn ich mir diese lange Fahrt anschaue, denke ich mir: Wäre er bei »Care« stehen geblieben, hätte ich die anderen Stationen verpasst. Wäre ich nur bei »Love for yourself« stehen geblieben, wäre ich eventuell nur halb so stark in mein neues Leben getreten. Um ein gesundes, glückliches und erfülltes Leben zu führen, brauche ich nicht nur alle sechs FELICE-Werte. Ich benötigte jeden einzelnen Lebenskurs, auf dem ich meine eigenen Werte noch einmal auf tieferer Ebene definiere und heute lebe. **Alles ist miteinander verbunden. Unser Körper, unsere psychische Gesundheit, unsere physische Gesundheit, alles steht im Zusammenhang mit unseren Werten und unserem Glauben.**

FELICE hat mich geheilt

Ich glaube, du kannst zwischen den Zeilen lesen, welche Bedeutung die Musik für mich hat, immer hatte und für immer haben wird. Welchen Sinn und welche Bedeutung meine Stimme in meinem Leben für mich hat. Und was es mit mir gemacht hat, als sie plötzlich weg war. Egal, was ich gemacht habe, ich bekam keine Verbindung mehr zu ihr. Ich war nicht nur dabei, meine »Züge« alias Lebenskurse auf meiner Reise alle wahrzunehmen und mich diesen Lebensaufgaben zu stellen. Ich spürte, wie einsam ich manchmal in meinem Waggon durchs Leben fuhr. Innerlich. Denn die Reise an sich war mit all den Ups and Downs zwar wirklich spannend, aber es fühlte sich einfach immer so an, als würde mir etwas fehlen.

Meine Stimme zu verlieren hatte so ein großes Loch in mir hinterlassen, eine so große Leere, die nicht zu füllen war. Du musst wissen, es ist für mich wie Atmen, gefühlt 90 Prozent meiner Identität. Und trotz all der wundervollen und liebevollen Menschen um mich herum, habe ich mich allein gefühlt. Ich habe mich gefühlt, als wäre ich der einzige Mensch auf dieser Welt, der diese Reise gerade durchlebt.

Depressionen und Panikattacken fühlen sich an wie das größte Heimweh, aber man ist zu Hause! Mein Glaube ist so stark, dass ich nie daran gezweifelt habe, hinter dieser Erfahrung würde nicht auch ein tieferer Sinn liegen.

Während ich gerade dabei war, all diese »Lebenskurse« zu besuchen, spürte ich natürlich nach wie vor, dass mir etwas fehlte. Vielleicht war es ja an der Zeit, meiner Stimme und mir einen Break zu geben. Wie in einer Beziehung. Manchmal hilft es, wenn man einfach loslässt und sich auf sich selbst konzentriert. Aber diese Einsamkeit verging nicht so schnell. Doch ich entschied mich, das Thema Musik erst mal komplett zur Seite zu legen und mich ihr wieder zu widmen, wenn meine Stimme ready ist. Wenn ich ready bin. Ich wusste, diese Beziehung ist noch nicht zu Ende, aber ich musste mich zunächst um mich selbst kümmern.

Schon immer war ich am Thema der Positiven Psychologie interessiert. Während der Pandemie habe ich dazu einen Kurs an der Yale University belegt, der sehr spannend war. Bei dieser Wissenschaft (begründet von dem US-amerikanischen Psychologen Martin Seligman) liegt der Fokus im Gegensatz zur klassischen Psychotherapie mehr auf den lebensbejahenden Emotionen wie Freude, eigenen Stärken und dem Entdecken des Lebenssinns anstatt negativer Emotionen und Vergangenheitsbewältigung. Das

Ziel ist, die eigene Definition von Glück zu erforschen und ein erfülltes Leben zu führen, Resilienz zu fördern und soziale Beziehungen sowie sinnstiftende Tätigkeiten zu leben.

Ich wollte immer schon mehr über das Leben und das Zusammenleben der Menschen erfahren. Während ich dieses tiefe Gefühl der Einsamkeit in mir hatte, dachte ich mir: Ich möchte nicht, dass nur ein Mensch sich auf dieser Welt so fühlt, wie ich mich gerade fühle. Und ich fragte mich: Was kann ich für meinen Teil tun, um einen kleinen Beitrag zu leisten – und wenn ich damit nur einem Menschen das Leben einfacher mache?

FELICE hat mich gefunden

In diesen für mich einsamen Momenten habe ich mich selbst zu Hause nicht zu Hause gefühlt. Obwohl ich eigentlich nur dort sicher war. Ich wusste nicht, wohin mit mir. Ich brauchte einen Ort, der mir Geborgenheit schenkt. Außerhalb der Familie. Ein Ort, an dem ich nicht sprechen musste, aber trotzdem verstanden werden würde. Ein Ort, der mir Zugang zu meiner Innenwelt verschaffte, sich aber nicht anfühlte wie ein Arztbesuch, sondern mir die Leichtigkeit schenkte wie bei einem Picknick auf einer schönen Wiese. Denn die Emotionen, die ich in mir trug, waren schwer genug. Neben dem großen Wunsch, dass mir dieser Ort meine Einsamkeit nimmt, habe ich nichts mehr gebraucht als das Gefühl von purer Hoffnung! Ich sagte mir selbst: **Lass nie die Verzweiflung über der Hoffnung stehen!**

Ich suchte nicht nur nach einem Experten oder einer Expertin, die oder der mir Tipps und Tricks vermittelte, ohne Panikattacke durch die Nacht zu kommen. Ich wollte die tiefe Bestätigung von Experten, dass dieser Moment und diese Gefühle wirklich vergehen werden und dass *das* jetzt nicht mein Leben ist – denn das war meine größte Angst, neben der eigentlichen Angst! Die Vorstellung, dass das nun für immer so sein könnte, hat mir jegliche Lebensmotivation genommen. Als ein Mensch, der das Leben liebt, jeden Tag eine neue Idee hat, nie aufhört, an das Gute zu glauben, war es sehr schwer, positiv zu bleiben und mir vorzustellen, je wieder anders zu fühlen als in dieser Sekunde. Da ich ein sehr visueller Mensch bin, habe ich mir immer wieder die Farbe Grün vor Augen gehalten und habe mich immer auf eine Wiese gesetzt. Das Wort, welches mich durch diese Zeit geführt hat, war Hoffnung. Wir hatten einen Pakt abgeschlossen.

Also hat mich jeden Tag das Gefühl der Hoffnung daran erinnert, dass dieser Moment vergehen wird. Wenn ich sie nicht gespürt habe, habe ich einen kleinen Moment für mich genommen und mir das »Schlussbild« ausgemalt. Ich habe mir vorgestellt, wie ich zufrieden auf einer Wiese sitze und dankbar zu meinen Liebsten sagen kann, dass diese Zeit vorbei ist und diese Erfahrung mir einen tiefen Mehrwert geschenkt hat. Und selbst wenn ich im Kampf mit meinem Feind-Gefühl war, habe ich immer gesagt: »Du bekommst mich nicht – du brichst mich nicht – ICH BIN DAS NICHT.«

Ich bin mit dem Gefühl der Hoffnung eingeschlafen und aufgewacht. Und wenn ich sie nicht gespürt habe, habe ich um sie gebetet.

Wir denken, wir können nicht einfach alles auf »Stopp« drücken, egal, wie schlecht wir uns fühlen. Weil zu viel Verantwortung um uns herum ist. Wir haben uns Existenzen aufgebaut, die wir verlieren können, eventuell Familien, die versorgt werden müssen, Karrieren, Kolleginnen ... es wird alles zerbrechen, wenn ich mir erlaube, eine Pause zu machen. Doch glaub mir, alles wird zerbrechen, wenn du zuerst zerbrichst.

Und darum sollte es doch gar nicht gehen. Das Leben sollte doch kein Überlebenskampf sein. Doch für viele ist es ein emotionaler Kampf, nicht zu zerbrechen. Warum verschlimmern sich all die Zahlen, wenn es um das Thema mentale Gesundheit geht? Wir brauchen nicht nur mehr Therapieplätze, akute Hilfe, sondern Prävention von Beginn an. Wir sollten einen Lifestyle leben und kreieren, damit es erst gar nicht zu all dem kommt.

Je mehr mein Fokus darauf ausgerichtet war, mich selbst zu heilen, umso mehr richtete sich mein Fokus auf das Gesellschaftsthema »Mental Health«.

Denn genauso wie ich meine Emotionen in die Schublade gesteckt habe, um daraus kein Thema zu machen, wird es mit diesem Thema gemacht. Je mehr ich diesen Ort der Expertise und Geborgenheit, der Wärme für mich selbst brauchte, umso mehr wünschte ich ihn mir für all die Menschen, die fühlen wie ich. Und für all diejenigen, die erst gar nicht dort hinkommen sollten, so zu fühlen. Prävention zum Thema »Mentale und Emotionale Gesundheit« wurde zu meinem Fokus. Nachdem ich diese Idee etwa fünf Jahre in mir getragen hatte, doch nie wusste, wie ich es angehen sollte, hat mir mein eigenes Schicksal den letzten Schubs gegeben, mich an den Peak meiner Gefühle gebracht, um mir zu sagen: »Now you know, Girl – du weißt nicht nur, wie es sich anfühlt, sondern auch, wo es fehlt.«

Und so gründete ich FELICE. Mir war klar, dass ich diese Erfahrung selbst machen musste, um zu verstehen, woran es fehlt. Denn auf die Fragen, die ich mir stellte, brauchen auch andere Menschen da draußen klare Antworten.

Ich musste einmal durch die ganze Palette an Emotionen hindurch, mich verloren und am Boden fühlen, um festzustellen, dass es manchmal die Schieflage braucht, um wieder pur und neu anzufangen – Schritt für Schritt. Und du gewinnst dabei etwas, das dir keiner mehr nehmen kann. Dein inneres FELICE!

Auch wenn ich den Sinn hinter all dem noch nicht zu 100 Prozent in mir fühlte, denn für Schmerz kann man nicht immer direkt dankbar sein. Doch ich wollte diese Erfahrung nicht mit dem Bild und dem Gefühl des »Schmerzes« hinter mir lassen. Ich wollte dem Ganzen ein positives Gefühl und einen Sinn geben, die ich mir einfach in mir selbst kreierte. Also nahm ich die gebrochene Vase in die Hand, klebte selbstständig mit viel Geduld, Liebe und Wärme alle Teile zusammen, um daraus ein kleines Kunstwerk zu schaffen. Eine Vase, die gefüllt werden kann mit all dem, was die Blumen, sozusagen wir Menschen, für uns brauchen, um zu wachsen, zu heilen und wieder ganz erblühen zu können.

Gerade weil es sich so filigran anfühlte und ich genau spürte, wie sensibel das Thema für viele Menschen da draußen ist, war es mir wichtig, FELICE allein zu gründen. Ohne PartnerInnen, ohne Investoren. Ich habe mich schwergetan, es aus der Hand zu geben. Zu viel Angst, dass es jemand fallen lässt. Und das war auch der beste Weg, meinem Beschützerinstinkt für FELICE zu folgen.

Unsere FELICE-Philosophie

Die FELICE Company ist aus einer digitalen Plattform entstanden, die zum Ziel hat, Menschen zusammenzubringen, Unterstützung anzubieten, zu informieren und Produkte zur Verbesserung der Lebensqualität anzubieten. Im Mittelpunkt steht hierbei das Thema »Mentale und Emotionale Gesundheit«.

Die FELICE Company soll sich zu einem Ort entwickeln, an dem man Infos, Produkte, Ratgeber, Kurse und vieles mehr zu diesem Thema bekommen kann. Von »Wellbeing« bis hin zur Hilfestellung bei konkreten Problemen im Bereich der mentalen Gesundheit. Hierbei ist es mir und meinem Team wichtig, mit entsprechenden Experten und Expertinnen in den jeweiligen Bereichen zusammenzuarbeiten. FELICE handelt pro-aktiv und unterstützt somit das Ziel, dass sich auch die Vereinten Nationen gesetzt haben: die mentale Gesundheit der Menschen zu stärken und bis 2030 signifikant zu verbessern.

➤ Wir wollen unseren Teil dazu beitragen.
➤ Wir wollen diesem Thema zu noch mehr Sichtbarkeit verhelfen.
➤ Wir wollen Menschen mit Problemen im Bereich der mentalen Gesundheit helfen.
➤ Wir wollen Prävention betreiben.
➤ Wir wollen aufklären.

Ein dringendes Anliegen: Mentale Gesundheit

Die WHO schreibt: »Die psychische Gesundheit sollte als eine wertvolle Quelle von Humankapital oder Wohlbefinden in der Gesellschaft betrachtet werden.«[*] Soweit ich das beobachte, sind wir da noch nicht. Ich habe manchmal eher das Gefühl, das Gesellschaftsbild des Menschen besteht darin, dass es wichtiger ist, seine Muskeln am Bauch zu trainieren als seinen Muskeln im Gehirn.

Es fehlt irgendwie immer noch die Lockerheit, über das Thema entspannt und offen zu sprechen. **Für mich ist mentale Gesundheit essenziell, zutiefst menschlich und das**

---

[*] https://www.euro.who.int/__data/assets/pdf_file/0006/404853/MNH_FactSheet_DE.pdf (zuletzt abgerufen am 28.7.2022)

Wichtigste, was wir brauchen. Es gehört nicht einfach nur dazu, alles steht und fällt damit. In meinen Augen gibt es auch keinen Grund, daraus so ein Riesenthema und schon gar kein Tabu zu machen. Es gehört zu dir, genau wie dein Herz, welches du brauchst, um zu überleben. Außerdem macht es dich aus und attraktiv, wenn du dich um dich selbst kümmerst. Es gibt keinen Grund, deine Probleme, Ängste, Sorgen und Traurigkeit zu verstecken. Wir haben sie doch alle.

Wir alle schauen doch auch im Kino lieber Filme mit Emotionen und vielen Ups and Downs, und wollen dann wissen, wie er oder sie da wieder rauskommt. Was kann ich davon mit nach Hause nehmen, in mein Leben? Und genauso ist das mit unseren Lebensgeschichten. Für mich persönlich macht es einen Menschen so viel spannender, zu erfahren, welche Narben er mit sich trägt, wie er sich selbst geheilt hat und wie er es bestenfalls geschafft hat, sich nie die Hoffnung und den Willen nehmen zu lassen.

Die ganze Welt interessiert sich dafür, wie man aussieht. Aber wer interessiert sich dafür, wie es in dir aussieht? Es geht oft erst um andere Dinge, denn die mentale Gesundheit ist nicht sichtbar. Es geht ums Funktionieren, nicht ums Hinterfragen. Es geht um die dunkle Seite. Niemand schaut da gern hin. Niemand will dies in seinem Leben. Und deshalb sind Depressionen immer noch ein Tabu. Nur weil es sich für uns dunkel anfühlt, sollte es jedoch nicht als »dunkles« Thema beschrieben werden. Wir müssen das Thema endlich ins LICHT rücken. Und ihm die Aufmerksamkeit schenken, die es braucht, um es aus der unberechtigten Dunkelzone herauszuholen. Das möchte ich mit FELICE ändern.

Das Thema Depressionen ist »Der Elefant im Raum«, der so offensichtlich in der Mitte steht, man kann ihn nicht übersehen. Nur weil man Menschen lächeln sieht, heißt es nicht, dass ihr Lächeln nach innen anhält. Nur wenn du Menschen siehst, die Designerkleider tragen und in schicken Autos nach Hause fahren, heißt es nicht, dass sie wirklich ein Zuhause haben und ihnen auf ihrem Lebensweg nicht vielleicht auch etwas fehlt.

Erste Anzeichen für eine Depression können wir in unserem Umfeld beobachten. Wir brauchen uns nur bewusst umzuschauen: Es gibt Menschen, die jeden Abend mit Kopfschmerzen ins Bett gehen und aufwachen, sich lange krankmelden, sich zurückziehen, ständig überlastet und müde sind. Sie flüchten, indem sie zu viel konsumieren, um sich zu betäuben: Fernsehen, ungesundes Essen, Alkohol. Die Abwärtsspirale beginnt. Wir alle müssen mit Ängsten, Unsicherheiten, Druck und Zukunftssorgen umgehen – und tragen oft zu viel Verantwortung im Job oder für andere. Das kann jeder nur bis zu einem gewissen Punkt aushalten.

Depressionen können wirklich jeden und jede betreffen. Die Ursachen und die Ausprägung sind natürlich komplett unterschiedlich. Und man muss unterscheiden zwischen depressiven Verstimmungen und einer Erkrankung. Aber man sollte da nicht allein durchgehen. Meine Erfahrung hat mir gezeigt, dass eins wichtig ist: Sprich offen mit deiner Familie und deinen Freunden! Wichtig! In akuten Fällen musst du dir Unterstützung suchen. Egal, ob du dich deprimiert fühlst oder schon mit akuten Depressionen zu kämpfen hast. Dein Körper und du brauchen Ruhe.

Ich denke, der erste und wichtigste Schritt ist, das Licht für dieses Thema ganz hellzudrehen und all die Aufmerksamkeit dafür zu schaffen. Deswegen war es mir wichtig, eine Plattform zu gründen, die diese Aufmerksamkeit erzeugt. Ich selbst bin keine Therapeutin, ich kann nur meine Stimme, meine Geschichte und meine Erfahrung dafür bereitstellen. Die wirkliche Hilfe muss von Experten und Expertinnen kommen. Der zweite Schritt war für mich einen Podcast *hey, FELICE!* zu begründen. In Zusammenarbeit mit Therapeutin und Life Coach Barbara Kaufhold bin ich das Thema rund um Mentale Gesundheit in der ersten Staffel leicht angegangen, um einen einfachen Zugang dazu zu schaffen.

Mittlerweile bin ich nicht mehr allein mit FELICE auf dieser Reise. Ich habe ein wundervolles Team an meiner Seite, das so vorsichtig wie ich mit dem Thema mentale Gesundheit umgeht, um ein ganz klares Gefühl dafür zu bekommen, was die Menschen wirklich brauchen. Wir arbeiten mit Hochdruck an der Umsetzung unseres zukünftigen Hilfsangebotes, doch wir möchten auch ein nachhaltiges Hilfsangebot schaffen. Dafür bilden wir jetzt die Basis. Und es ist ein wundervolles Geschenk für mich, dass mir seit der Gründung Menschen ihre Geschichte erzählen – so, wie ich dir meine erzählen durfte.

Ich hoffe, du kannst dich in diesem Buch finden. Ich hatte nie daran gedacht, ein Buch zu schreiben. Doch wenn das Ziel ist, dass über dieses so essenzielle Thema gesprochen wird, muss man selbst anfangen, darüber zu sprechen. Auch wenn es bedeutet, mich nackt zu machen, unangenehme Momente noch einmal zu durchleben, wünsche ich mir nicht nur, dass wir mit FELICE und diesem Buch den Fokus auf das legen, was wir Menschen sind und auf welche Werte es wirklich ankommen sollte. Ich wünsche mir von Herzen, dass ich dir mit meinem Buch dabei helfen kann, dich selbst zu finden. Und vielleicht inspiriert es dich auch, deine eigene Geschichte aufzuschreiben. Denn eins kann ich dir sagen: Es ist nicht leicht, aber unglaublich befreiend.

FELICE als Unterrichtsfach – FELICE FOR FUTURE

Meines Erachtens können wir nicht früh genug damit anfangen, das Thema Mentale Gesundheit anzusprechen und es in unseren Alltag einzubringen. Deswegen sollten wir das Thema mentale und emotionale Gesundheit schon ab dem Kindergarten mit in den Lehrplan schreiben und es in der Schule als Schulfach etablieren. Um den ersten Schritt in Richtung Schule zu machen, haben wir uns mit FELICE mit der Mannheimer Abendakademie zusammengetan und bieten Kurse zu den FELICE-Werten an, die Aufklärung rund um das Thema mentale Gesundheit leisten. Wir sind gerade dabei, einen Weg zu finden, wie wir FELICE in die Schulen bekommen. Das ist nicht ganz so einfach, weil das Schulsystem in Deutschland sehr komplex ist und in jedem Bundesland andere Regeln gelten. Mein großes Ziel mit FELICE ist es, dass es in der Zukunft in jeder Schule ein FELICE-Schulfach gibt, das Kinder und Jugendliche zum Thema mentale und emotionale Gesundheit aufklärt. Die Schule ist der Ort, an dem ich fürs Leben lernen soll, der dich auf dein Leben vorbereitet. Wenn ich mich jedoch an meine Schulzeit erinnere, dann fehlte mir genau das: emotionaler Support. Ich finde es extrem wichtig, Schüler und Schülerinnen rund um das Thema »Druck und Stress« aufzufangen, der sich ganz klar auf die Ergebnisse der Noten auswirken kann. Es ist essenziell, den Kids beizubringen, mit ihren Emotionen richtig umzugehen. Das Lernziel sollte unter anderem ihr Wohlbefinden sein. Durch rechtzeitige Beratungen und Hilfestellungen können Depressionen deutlich gemildert und chronische Verläufe verhindert werden. Ich persönlich sehe auch die Schule in der Pflicht, ein gesundes Selbstbewusstsein und Selbstwertgefühl zu fördern. Oft fehlt dieser Baustein auf dem Lehrplan, der so wichtig ist für das Leben nach der Schule. Diese Skills gehören zur

Bildung des Menschen als lebensnotwendiges Tool dazu.. Ich werde mich dafür einsetzen und mein Bestes geben, dass wir im Unterricht in den nächsten zehn Jahren eine klare Veränderung sehen.

Das Erwachsenwerden ist ohnehin schwer genug. Der Druck, den man in der Pubertät hat, all die Selbstzweifel sind enorm. Das war schon zu meiner Schulzeit nicht einfach, doch in einer Zeit, in der Social Media einen so großen Einfluss hat, muss es einen Ort der ersten Prävention geben. Als sich meine Eltern trennten, hätte ich mir diese emotionale Unterstützung gewünscht, und auch meinen Schulkameraden ging es nicht anders. Viele Kinder können zu Hause nicht über ihre Emotionen und inneren Konflikte sprechen oder haben niemanden, der sie an die Hand nimmt, und für sie da ist, wenn es um ihre Gefühle geht. Sie sind schlichtweg auf sich allein gestellt. Wie treffe ich richtige Entscheidungen? Was mache ich, wenn ich morgens keine Motivation habe? Wie gehe ich mit Stress um? Wie kann ich mich innerlich entspannen, um meine Best-leistung zu erreichen? Wie sage ich meine Meinung? Wie stehe ich zu ihr und mir selbst? Wie gehe ich Probleme an? Wie finde ich meine Stärken, meine Schwächen? Was sind meine Werte? Was möchte ich im Leben erreichen? Was kann ich tun, um mich gut zu fühlen? Wir in Deutsch-land sind privilegiert, und ich bin sehr dankbar, dass ich in der Schule Schreiben, Lesen, Rechnen und Grundwissen in allen Bereichen lernen durfte. Für das Leben da draußen brauchen wir jedoch oft noch andere Skills. **Gesunde und glückliche Kinder werden gesunde und glückliche Erwachsene.**

Jeder Mensch sollte damit früh beginnen – unabhängig vom Bildungs-stand. Ich sollte wissen, wie ich mit meinen Gefühlen und mit mir und meinem Körper umgehe. Dazu gehören nicht nur Sport und sexuelle Auf-klärung. Auch wenn wir das für uns selbst herausfinden dürfen, gibt es einen Weg dahin, und man sollte sich nicht allein fühlen. Deshalb kann man nicht früh genug begleitet werden. Wir sollten zukünftig in der Schule nicht nur Schreiben, Lesen und Rechnen lernen, sondern auch Grundlagen, um sich mental stark und gesund zu fühlen. Wir haben einen Weg vor uns, aber mit Geduld, Motivation und Beharrlichkeit werden wir diesen Weg gehen, um etwas zu verändern.

Ich bleibe dran, versprochen. Und es lohnt sich, denn ...

→ ... ein gesunder Geist geht mit einem gesunden Körper einher.

→ ... mentale Gesundheit wirkt sich auf deine Gefühlslage aus.

→ ... wenn du mental unausgeglichen bist, leidet deine Lebensqualität.

→ ... mentale Gesundheit spielt eine entscheidende Rolle in deinen Beziehungen.

Vertraue dem Universum

FELICE gab mir den tieferen Sinn, der mir fehlte.

Den Fokus auf FELICE und somit auf mich zu legen hat mich geheilt. Als ich anfing loszulassen und nur noch mich selbst festhielt, hat sich alles in meinem Leben gefügt oder ist gerade dabei, sich zu fügen. Tagtäglich werden plötzlich alle Dinge wahr, für die ich monate- und jahrelang gebetet habe.

Vertrauen ist wieder zur Überschrift meines Lebens geworden. Ich wusste oft nicht, wohin ich laufe, wie der zweite, dritte Schritt aussah. Ich habe mich immer nur auf den ersten Schritt konzentriert, einen Satz, den einst Martin Luther King sagte: »Take the first step in faith. You don't have to see the whole staircase, just take the first step.« Ich dachte zwischendrin immer nur daran. Mach den ersten Schritt, konzentriere dich nur auf morgen, übermorgen wird sich schon fügen. Und: Gehe mit deinen Werten nachsichtig um. **Es wird sich fügen, ohne dass du etwas tun musst.**

Die Fügung gerade der Dinge, die uns am meisten bedeuten, kann man sich oft schwer vorstellen. Doch wenn es passiert, verändert sich plötzlich alles, nicht nur dein inneres Gefühl, sondern deine Ansicht auf das ganze Leben. Es ist ein Gefühl, das durch deinen ganzen Körper geht.

Es war der 9.4.2022, ein Tag wie jeder andere. Dachte ich. Während sich mein Gefühl fürs Leben immer normaler, gesünder und erfüllter anfühlte, wusste ich, dass eine sehr große Tour anstand, die mich nervös fühlen ließ. Ich hatte das Thema Musik seit Monaten zur Seite gelegt und es nicht mehr berührt. Und auch meine Stimme habe ich in ihrer Schublade gelassen und nie herausgelassen.. Vor mehr als zwei Jahren vor der Pandemie hatte ich Disney eine Zusage für eine Stadion-Tour gegeben. In dieser Zeit war viel passiert, und meine Angst, zurück auf die Bühne zu gehen, war immens. Täglich war ich kurz davor, diese Tour abzusagen, weil ich mich nicht dazu bereit fühlte. Ich spürte, dass ich keinen Zugang zu den Songs fand. Mein Team sagte: »Mandy, wir sind alle an deiner Seite, wenn du noch nicht ready bist, aber vielleicht wird diese Tour dir mehr geben, als du dir gerade vorstellen kannst.« Ich konnte mir trotzdem einfach nicht vorstellen, zurück auf die Bühne zu gehen. Ich versprach mir, nicht zu streng mit mir umzugehen, es zu probieren und machte den Deal, aufzuhören, wenn mein Gefühl es mir sagen würde. Mein Hauptproblem war meine Stimme, die nicht da war.

Während ich diese Zeilen schreibe, habe ich nicht nur Tränen in meinen Augen, an meinem ganzen Körper habe ich seit Minuten Gänsehaut. Zwischen meinen Gesangsübungen gab es viele Gespräche mit meinem Stimmcoach. Sie war mehr als bemüht und an meiner Seite und sagte immer: »Mandy, in deinem Tempo, entspann dich, sie wird irgendwann wiederkommen ...« Für diese professionelle Unterstützung bin ich ihr von Herzen mehr als dankbar. Denn nicht nur die professionelle Unterstützung meiner Stimme war mir eine große Hilfe, es war die mentale und liebevolle Fürsorge, die sie mir als Mensch gab.

Sie gab mir Tipps, wie ich mich wieder mit meiner Stimme verbinden kann, und half mir, mich wieder in meine Welt zu bringen. Wir sangen Whitney, um wieder an meinen Ursprung zurückzugehen. Wir sprachen über meinen Glauben. So viele Dinge, die dazu beigetragen haben, diese Verbindung wiederherzustellen. Danke, Juliette.

Irgendwann dann war ich in dem Haus, welches ich mit 17 gebaut hatte. In diesem Haus gibt es oben eine Treppe, die nach unten führt, mit einer kleinen Empore. Dort hatte ich mich früher immer hingestellt und gesungen Über Stunden. Und so stellte ich mich wieder auf die Empore und fing an, a capella zu singen. Ich sang einfach vor mich hin, und irgendwann dann kamen diese Zeilen in meinen Kopf: »There are times I find it hard to sleep at night, we are living through such trouble times ... and how can I pretend that I don't know what's going on.« *Stand up for love* kam in meinen Kopf. Der Song, der mich durch das Casting kommen ließ. Und plötzlich aus dem Nichts, ohne dass ich es wirklich merkte, stand ich da schon über 30 Minuten und sang meine Songs aus L.A.-Zeiten. Ich packte mein Telefon, öffnete die alte EP und stand mindestens zwei Stunden auf dieser Treppe und sang. Ich sang einfach und vergaß komplett die Zeit dabei.

Irgendetwas war passiert.

Irgendwie fühlte sich dieser Moment vertraut an. Einen Tag später fuhr ich dann zur Probe zu meinem Coach und fing an, die Songs für die Disney-Tour zu singen. Ich behielt mein Gefühl für mich, doch nach dem ersten Song schaute sie mich an und sagte: »Mandy?« Sie lachte und hatte gleichzeitig Tränen in den Augen, und ohne dass wir etwas sagen musste, fingen wir beide an zu weinen. Ich sagte: »Hörst du es auch?« Und sie sagte: »Man kann es nicht überhören. Deine Stimme ist zurück – du bist zurück.«

Dieser Moment ging durch all meine Sinne. Ich hatte das Gefühl, dass irgendein Engel mir dieses Puzzleteil eingefügt hatte, ohne mich vorzuwarnen. Es war eine der schönsten Coaching-Sessions und Momente, die wir gemeinsam miteinander hatten. Wir waren beide voller Emotionen.

Ich lief aus der Session, stieg ins Taxi und schrieb meiner Mutter: »Mama, sie ist zurück. Meine Stimme ist zurück.« Meine Mutter wusste, was dieser Moment für mich bedeutete. Und nicht nur meine Mutter. Mein Telefon war plötzlich voller Tränen in den Augen-Emojis, Herzen und gerührter Nachrichten.

Ich fühlte wieder. Ich fühlte mich wieder. Ich habe wieder sehen können, und damit meine ich, alles um mich herum wahrnehmen können. Ich konnte plötzlich wieder schreiben, Musik hören, ich konnte mir wieder Konzerte und Performances bis in die Nacht anschauen – und diese kleine Flamme in mir drin, fing wieder an anzugehen. Ich wusste, sie war noch nicht ganz an, aber der Schalter war umgelegt, der Knoten war geplatzt.

Ich hatte zwar nach wie vor Angst vor der Bühne, aber meine Stimme gab mir meine innere Stimme wieder, und sie hat mich beruhigt. Wie als hätte sie gesagt: »Girl, you got this, ich bin hier, du kannst nicht fallen. Wir sind hier zusammen.« Du kannst dir nicht vorstellen, was in mir passierte und wie es sich anfühlte.

Und dann war es so weit ... Ich vergesse nie den Moment, als wir in das Stadion liefen für die erste Show. Ich dachte: »Fuck!« und zwei Sekunden später: »Jesus!« und dann wieder: »Jesus, please be on my side.« Der Druck in mir stieg als sogenannter »Stargast«, so betitelte ich mich natürlich nicht selbst, aber dafür war ich eingekauft.

Selbstverständlich denkt man dann, man muss hundertfach abliefern, ich habe keinem von meinen Gefühlen erzählt. Ich versuchte, so »zen« wie möglich zu sein. Ich malte mir das Schlussbild aus, wie ich wieder die Treppe herunterlaufe und mich gut fühle, wie ich die Töne fühle und die Bühne wieder mein sicherster Platz wird. Ich machte das ununterbrochen. So trainierte ich mein Gehirn.

Und dann war es so weit, ich war sehr weit vorn dran. Wie der liebe Gott es wollte, waren die Songs textlich wie auf mein Leben abgestimmt. Ich bat die Disney-Chefin aus den USA darum, dass ich barfuß auf die Bühne durfte, und so erlaubte sie mir es bei dem Song »Mulan«. Leider mussten wir es aus Sicherheitsgründen ab der zweiten Show ändern. Und plötzlich stand ich also barfuß da, das Spotlight auf mir, hielt mich an meinem Mikro fest und sang: »Look at me, you may think you see who I am, but you never know me ...«

Es war ein Stadion. Aber, es waren das Mikrofon und ich. Wieder. Es waren fast 15.000 Menschen in der Halle, aber der Moment war intim, heilend. Ich habe nichts gesehen, keine Menschen, weil das Licht, das Spotlight, so hell eingestellt war. Es war nicht der einzige Moment, in dem ich einen Kloß in den Hals bekommen habe und »and be loved for who I am« mit Tränen sang. Auch wenn man sie von außen nicht in jeder Performance sah, sie waren da, innerlich. Jedes »Danke«, nach jedem Song, war nicht nur einfach ein Danke. Es fühlte sich an, als hätte man mir mein Leben zurückgegeben. Ich habe mich so lange Zeit selbst vermisst.

Wie die Ironie des Schicksals es wollte, war der Name dieser Disney-Tour »Dreams come true«. Ich wusste zuvor nicht, dass meine Stimme einen so enormen Einfluss auf mich als Person, als Mensch, auf mein Gefühl zu meiner Identität hat. Es war, als hätte mir dieses Puzzleteil mein Selbstbewusstsein zurückgegeben, das so lange weg war. Mein Gefühl fürs Leben war wieder da. Sich selbst zu spüren ist das Wertvollste, das ich in meinem Leben erlebt habe.

Das schöne Gefühl, vollständig zu sein

Wusstest du, dass, wenn man einem Seestern den Arm abtrennt, nicht nur ein komplett neuer Seestern entsteht, sondern sein Arm einfach ganz neu wieder nachwächst? Jeder Teil enthält damit das Ganze, genauer gesagt das Bewusstsein des Ganzen. In diesem Sinne ist für mich der Seestern ein universelles Symbol der Ganzheitlichkeit, der zu den traditionellen Eigenschaften des Sterns noch eine phänomenale Erneuerungskraft und schwebende Eleganz mitbringt. Vielleicht können wir das auf unser Leben übertragen, wir können in einer ganz neuen Variante von uns in der Welt auftreten, oder wir lassen das, was wir glauben verloren zu haben, Schritt für Schritt wieder nachwachsen.

Wo auch immer du gerade in deinem Leben stehst, ich kann dir sagen: Dort wirst du nicht immer bleiben. Im positiven und negativen Sinne. Kein Moment ist für immer – umso wichtiger, sich dessen bewusst zu werden. Du kannst heute alle deine Wünsche in der Hand halten und morgen das Gefühl haben, dass man sie dir wieder nimmt. Aber auch andersherum: Dir kann heute alles genommen werden, und morgen hast du wieder etwas in der Hand. Auf so vieles haben wir leider keinen Einfluss, und wir wissen nicht, wie viele und welche Challenges das Leben für uns bereithält. Eine Sache aber können wir aktiv tun: Jeden Tag dafür sorgen, bei uns zu bleiben und uns nicht zu verlieren. Wir entscheiden, welcher Mensch wir sein und mit welchem Ziel wir eine unbequeme

Situation verlassen möchten. Wir können uns vertrauen. Du darfst dir vertrauen. Manchmal brauchen wir nur ein wenig Geduld.

Geduld war nie meine Stärke, aber auch darin habe ich mich unglaublich verbessert, denn ich habe erkannt: Irgendwann wird es sich wirklich auszahlen. Wenn wir uns darauf fokussieren, ganz in der Gegenwart zu sein und den Glauben nicht zu verlieren, dann passiert zur richtigen Zeit das Beste für uns.

Wir alle kommen irgendwann an einen Punkt, der uns an unsere Substanz bringt. Und manchmal im Leben muss man komplett neu anfangen. Man muss sein Leben erneut in die Hand nehmen und es sich irgendwie wieder neu aufbauen. Aber es liegt so viel Positives auf neuen Wegen bereit. Manchmal können wir es uns gar nicht erträumen, welche Überraschungen wirklich für uns bereitstehen. Wir dürfen uns nur nicht zu abhängig von der Vergangenheit machen. Vertraue darauf, dass es diesen roten Faden auch für dein Leben gibt. Dass er sich durch all deine Lebensmomente zieht, auch wenn du dich gerade vielleicht verloren fühlst.

Deine Zukunft braucht dich, deine Vergangenheit nicht mehr

Dieser Prozess des Umdenkens und des Änderns der Verhaltensweisen passiert natürlich nicht von heute auf morgen. Nicht bei mir, nicht bei dir. Schließlich geht es darum, das ganze Leben umzukrempeln. Das Leben, das du schon einige Jahre gelebt hast. Es sind Gewohnheiten und Verhaltensweisen, die zu dir gehören. Es braucht, wie ich es immer sage, ein wenig »softe Disziplin«, damit sich alles umstellt und transformiert. Alles ganz entspannt. Aber ich möchte dich daran erinnern, niemals aufzugeben. Dein Glaube an dich kann Wunder bewirken. Dein Glaube daran, dass sich dein Leben verändern kann, lässt dein Leben verändern.

Auf dem Weg zu dir kann es auch wackelig und unangenehm werden, bleibe konstant, und bleibe bei dir. Wenn du bei dir ankommst, wirst du ein Gefühl der Erfüllung und des Friedens fühlen, sodass dir selbst die Nächte der Einsamkeit ganz weit weg vorkommen, das verspreche ich dir.

Und nur weil jemand oder etwas versucht hat, dein Herz oder auch einen Teil deiner Seele zu brechen, hat es nicht die Macht, dich gebrochen zu hinterlassen. Deine Flügel sind vielleicht angebrochen, aber du hast so viel mehr Stärke in deinen Flügeln, dass du höher fliegen wirst, als du es dir je hättest vorstellen können. Vergiss das nicht, versprich mir das!

Ich weiß, wenn ich es schaffen kann, mich zu heilen, dann kannst du es auch. Glaube an dich, sag es dir jeden Tag. Sag dir, dass alles gut ist. Bleib auf deinem Weg. Irgendwann biegt er ab – und da ist dein Ort.

Und ich weiß jetzt: Wir sind niemals allein. Wie oft du dich auch einsam fühlst, es ist nur ein Gefühl, es geht vorbei. Es ist eine Illusion. Wir sind verbunden und gehen gemeinsam. Was ich schaffe, das schaffst du auch. Nimm dich an die Hand, und gehe raus da in die Welt und lebe deine Wahrheit. Versprich es mir und dir! Auch wenn es niemand anderes tut: Ich glaube an dich.

Egal, in welcher Lebenssituation du dich abgeschrieben fühlst, schreibe dein eigenes Happy End – gib den Stift nur nie aus der Hand.

Das Leben findet dich

Es sind die letzten Zeilen meines Buches, und ich werde ein klein wenig emotional. Ich spüre, dass es noch so viel gibt, was ich mit dir teilen möchte. Worüber ich mich mit dir austauschen möchte. Es gibt noch so viel, was wir über uns und über das Leben lernen dürfen und werden.

Ich habe noch viele Fragen an das Leben und bin noch lange nicht da, wo ich gern sein möchte. Auch wenn diese Reise keine einfache war, diese Reise hat mich zu der Frau gemacht, die ich heute bin.

Ich mag die Frau, die ich bin, mit all ihrer Geschichte, mit all den Narben, die ich heute stolz tragen kann und mit all dem, was in meinem Herzen ist. Das habe ich mir nie nehmen lassen.

Ich freue mich darauf, älter zu werden, noch ein klein wenig weiser zu werden. Denn diese Reise hat mich nicht nur zu mir selbst gebracht, sie hat mich zu einem besseren Menschen gemacht. Die Panikattacken haben mir die größte Angst meines Lebens gegeben, und heute kann ich sagen, sie haben mir jegliche Angst vor dem Leben genommen. Ich kann es kaum glauben, es zu schreiben, doch ich bin dankbar für meine Panikattacken. Ich habe keine Angst mehr vor dem Verlieren, denn ich weiß, dass ich immer irgendetwas gewinnen werde.

Ich glaube fest daran, dass das Leben ein besonderer und schöner Ort ist. Auch wenn wir nicht immer das Gefühl haben, dass alles direkt Sinn macht, wir können uns den Sinn kreieren und unser eigenes Glück in der Hand haben.

Meine neue Devise für mein Leben: All meine Wünsche, die ich an das Leben habe, gebe ich nach oben ab, mit dem tiefsten Vertrauen, dass sich da oben darum gekümmert wird. Die einen nennen es den lieben Gott, die anderen das Universum, und andere nennen es das Leben. Ich vertraue dem Leben, dass es immer nur das Beste für mich möchte. Und während es oder sie da oben mein Paket bearbeitet, entscheide ich mich dafür, mein Leben mit Dankbarkeit und Vorfreude zu leben ... bis es mich findet.

Es bedeutet mir sehr viel, diese Zeilen und meine Gedanken mit dir zu teilen. Ich hoffe, dass ich dir mit diesem ehrlichen Einblick in meine Reise etwas für deinen Weg, dein Herz und dein Leben mitgeben durfte.

Du bist wertvoll, vergiss das nicht.
Vergiss nicht, dass es dich nur einmal gibt.
Sei gut zu dir, und pass auf dich auf.
Denn du bist ... an allererster Stelle Mensch.

Ich umarme dich.

Deine Mandy

Brief an mein zukünftiges Ich

Liebe Mandy,

ich hoffe, dass du da, wo du gerade bist, glücklich bist ... denn das war dir immer am allerwichtigsten.

Ich hoffe, dass du deine Einstellung, das Leben immer positiv zu sehen, nicht verloren hast und auch nicht deinen Humor und dein Lächeln, welche dich durch schwere Zeiten getragen haben. Deine nachdenkliche Seite wirst du immer noch haben, das weiß ich. Ich weiß auch, dass du dir nicht immer den einfachsten Weg für dein Leben ausgesucht hast, aber immer den, der dir Erfüllung schenkt.

Ich wünsche mir für dich, dass sich all deine Träume in deinem heute großen Herzen erfüllt haben und du zwischen all deinen Ambitionen und Visionen nie deine Werte verloren hast und die Liebe immer an deiner Seite geblieben ist.

Ich wünsche mir von Herzen für dich, dass du deine kleine Familie, von der du immer geträumt hast, gerade bei dir hast. Sicherlich tanzt du mit deinen Kindern durch die Küche und planst schon die nächste Sleep-Over-Motto-Party mit den Kindern deiner besten Freundinnen, davon habt ihr immer so viel gesprochen.

Ich hoffe, dass du mittlerweile fließend Italienisch sprichst und aufgehört hast, so viele Schokocroissants zu essen. Ich hoffe auch, dass Capone mittlerweile alle seine Gedichte veröffentlicht und endlich angefangen hat zu sprechen.

Ich weiß, dass dir immer wichtig war, irgendwann auf ein erfülltes Leben zurückblicken zu können, welches einen tieferen Sinn hatte und du deine Stimme richtig genutzt hast.

Ich wünsche mir für dich, dass du dich mit deiner Stimme in ganz viele weitere Herzen singen darfst und nicht nur weiter um die Welt reist, um sie ein klein wenig besser kennenzulernen, sondern dass du deine Message überall mit hinnimmst.

Etwas zu hinterlassen war dir immer wichtig, auch wenn es nur ein kleines Lächeln war, das du jemandem geschenkt hast. Ich hoffe, du konntest in so vielen Menschen wie möglich ein klein wenig FELICE hinterlassen. Und ein klein wenig Wärme, wenn sie an dich denken. Und für dich wünsche ich mir, dass du ein klein wenig stolz auf dich bist, denn damit hast du dich immer am schwersten getan.

Doch das kannst du sein.

Wo auch immer dich
dein Weg hinbringen wird,
vergiss nie, dass du in dir immer
ein sicheres Zuhause hast.

Deine Mandy

Danksagung

Es ist ein sehr schöner Moment in meinem Leben, ein
Buch zu schreiben, vor allem dieses Buch.

Es bedeutet mir sehr viel, heute als geheilter und glücklicher Mensch
dieses Buch in die Welt zu lassen, um so vielen Menschen wie möglich das Gefühl von Hoffnung zu schenken. Ich will dir zeigen, dass
das Leben da draußen auf dich wartet, um dich wieder lächeln zu
sehen. Auch wenn das gerade schwer zu glauben sein mag.

Mein inneres Lächeln habe ich dank vieler besonderer Menschen nie
verloren. Menschen, die alles dafür gegeben haben, dass ich mich in
meinem Leben und vor allem auf dieser Reise nie allein fühle.

Meine Familie ...
Keine Zeilen können in Worte fassen, wie dankbar ich euch bin. Ich bin
die Frau, die ich bin, durch eure Werte, eure Worte und euer Sein.
Ihr seid der Sinn für mich in allem. Danke, dass ihr an mich
und meine Träume glaubt, manchmal fast mehr als ich selbst,
und mich darin bestärkt, immer das Richtige zu tun.

Davide, sono molto grata che tu sia nella mia vita.
Grazie per aver sempre creduto in me.
E anche a FELICE.

Ich möchte meinen Freunden/Freundinnen danken, durch die jeder Moment in meinem Leben so viel schöner und bedeutungsvoller ist. Es gibt nichts Schöneres für mich, als gemeinsam mit euch durch das Leben zu gehen. Und zu wissen, dass wir einander immer haben.

I want to thank my friends who make every moment of
my life so much more beautiful and meaningful.
There is nothing more important to me than
going through life together with you.
And to know that we always have each other.

Ich möchte meinem Team danken, das mich in jeder
meiner Entscheidungen unterstützt und immer den Fokus
darauf legt, dass ich an erster Stelle glücklich bin.

Vielen lieben Dank, meine liebste Karin für deine jahrelange
treue Begleitung und Beratung. Danke für deine liebevolle Unterstützung, die ich sehr zu schätzen weiß.

Ein großes Dankeschön geht an dich, lieber Timothy. Für
deine Worte, die ich tief in mir trage, und dein Dasein. Ich bin
sehr dankbar, dich an meiner Seite zu haben. Als wichtigen
Part meines Teams und als wertvollen Menschen.

Danke an mein ganzes FELICE-Team, das immer größer wird. Vor
allem an dich liebe Tugce für deine wundervolle Unterstützung.

Danke an dich, liebe Jane. Du bist ein großer Teil von FELICE, und ich freue mich sehr, dich an meiner Seite zu haben und mit dir gemeinsam Schritt für Schritt immer mehr Menschen ein klein wenig FELICE schenken.

Ein großes Dankeschön geht ebenfalls an meine bisherigen und zukünftigen Kooperationspartner für die wertschätzende Zusammenarbeit.

Ich möchte aus tiefstem Herzen meiner Therapeutin danken, die mir nicht nur durch ihre Expertise enorm durch diese Zeit geholfen hat. Danke für Ihre Herzlichkeit ... Ich wünschte, mehr Menschen dürften die Erfahrung machen, Sie kennengelernt zu haben. Danke!

Ich möchte meinem einmaligen Verlag Komplett Media danken. Vor allem Verena und Julia, die mein Buch und die Reise zu einer der schönsten Erfahrungen gemacht haben. Von Anfang an, habt ihr MICH gesehen und FELICE darin unterstützt, gehört und gesehen zu werden. Ich bin sehr glücklich, dass wir diesen Weg gemeinsam gehen.

Christine, Capone wird die Momente mit dir nie vergessen. Genauso wenig wie ich. Vielen Dank für deine Liebe, die du mit in das Buch gebracht hast, und all die Momente, die mich noch lange schmunzeln lassen.

Danke allen Menschen, die mir auf dieser Reise geholfen haben. Mit ihren Worten oder allein nur durch ihr Da-Sein für mich. Ich werde keinen dieser Momente vergessen.

Ich möchte meinen Fans danken, die, seit ich
16 Jahre alt bin, an meiner Seite sind.
Danke, dass wir gemeinsam erwachsen geworden sind.
Ich bin dankbar für alles, was wir haben, und
für alles, was für uns bereit steht.

An letzter Stelle möchte ich dem Leben
danken, für jede einzelne Erfahrung.
Wir haben Vorstellungen, welcher Mensch wir einmal sein möchten.
Danke, dass du mich durch all diese Erfahrungen immer mehr
zu der Person gemacht hast, die ich immer sein wollte.

Mit ganz viel »felice« im Herzen.

Danke.

Eure Mandy

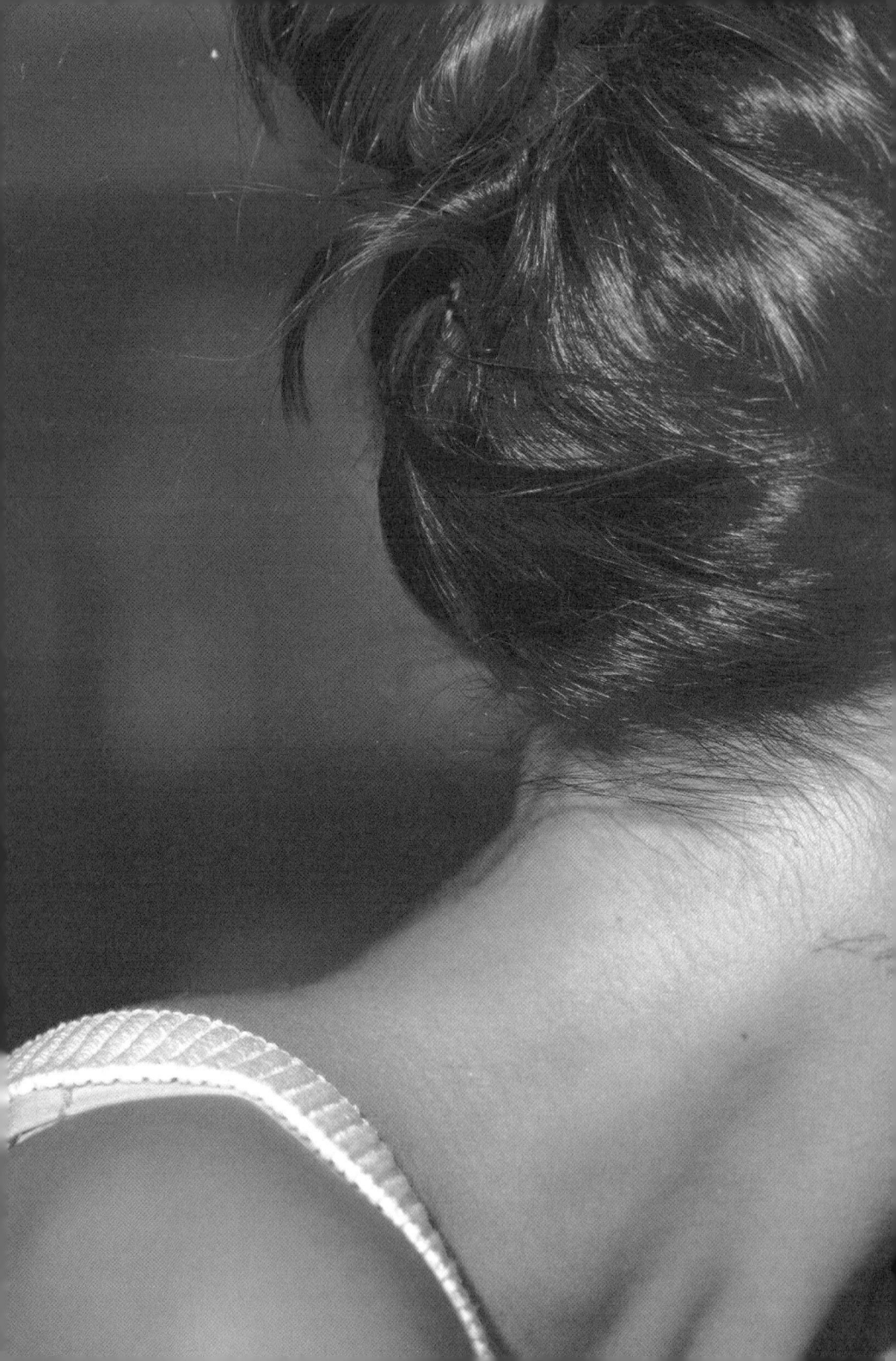